Publicación de productos editoriales multimedia

Juan Luis Perles García

ic editorial

Publicación de productos editoriales multimedia
© Juan Luis Perles García

1ª Edición

© IC Editorial, 2025

Editado por: IC Editorial
c/ Cueva de Viera, 2, Local 3
Centro Negocios CADI
29200 Antequera (Málaga)
Teléfono: 952 70 60 04
Fax: 952 84 55 03
Correo electrónico: iceditorial@iceditorial.com
Internet: www.iceditorial.com

ISBN: 978-84-1184-791-9
Depósito Legal: MA-683-2025

Impresión: PODiPrint
Impreso en Andalucía – España

Nota de la editorial: IC Editorial pertenece a Innovación y Cualificación S. L.

Presentación del manual

El **Certificado de Profesionalidad** es el instrumento de acreditación, en el ámbito de la Administración laboral, de las cualificaciones profesionales del Catálogo Nacional de Cualificaciones Profesionales adquiridas a través de procesos formativos o del proceso de reconocimiento de la experiencia laboral y de vías no formales de formación.

El elemento mínimo acreditable es la **Unidad de Competencia.** La suma de las acreditaciones de las unidades de competencia conforma la acreditación de la competencia general.

Una **Unidad de Competencia** se define como una agrupación de tareas productivas específica que realiza el profesional. Las diferentes unidades de competencia de un certificado de profesionalidad conforman la **Competencia General,** definiendo el conjunto de conocimientos y capacidades que permiten el ejercicio de una actividad profesional determinada.

Cada **Unidad de Competencia** lleva asociado un **Módulo Formativo,** donde se describe la formación necesaria para adquirir esa **Unidad de Competencia,** pudiendo dividirse en **Unidades Formativas.**

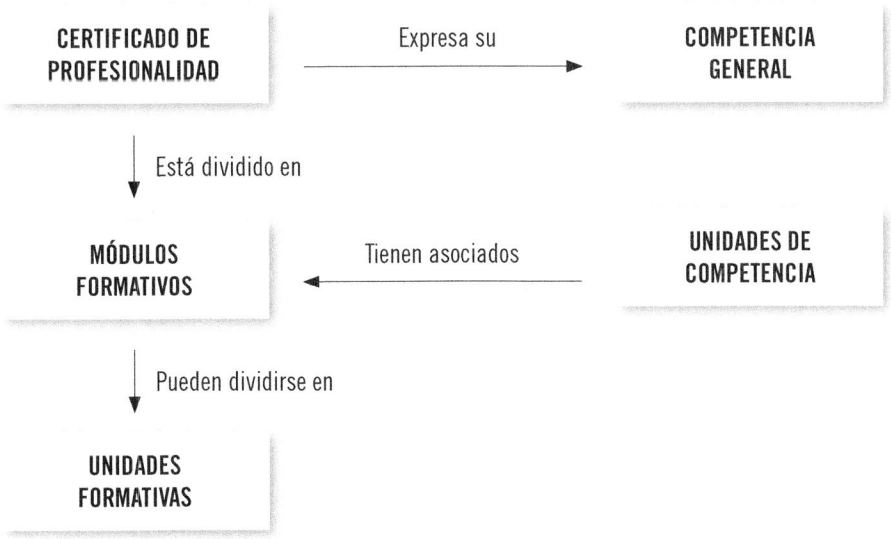

El presente manual desarrolla la Unidad Formativa **UF1587: Publicación de productos editoriales multimedia,**

perteneciente al Módulo Formativo **MF0937_3: Implementación y publicación de productos editoriales multimedia,**

asociado a la unidad de competencia **UC0937_3: Generar y publicar productos editoriales multimedia,**

del Certificado de Profesionalidad **Desarrollo de productos editoriales multimedia.**

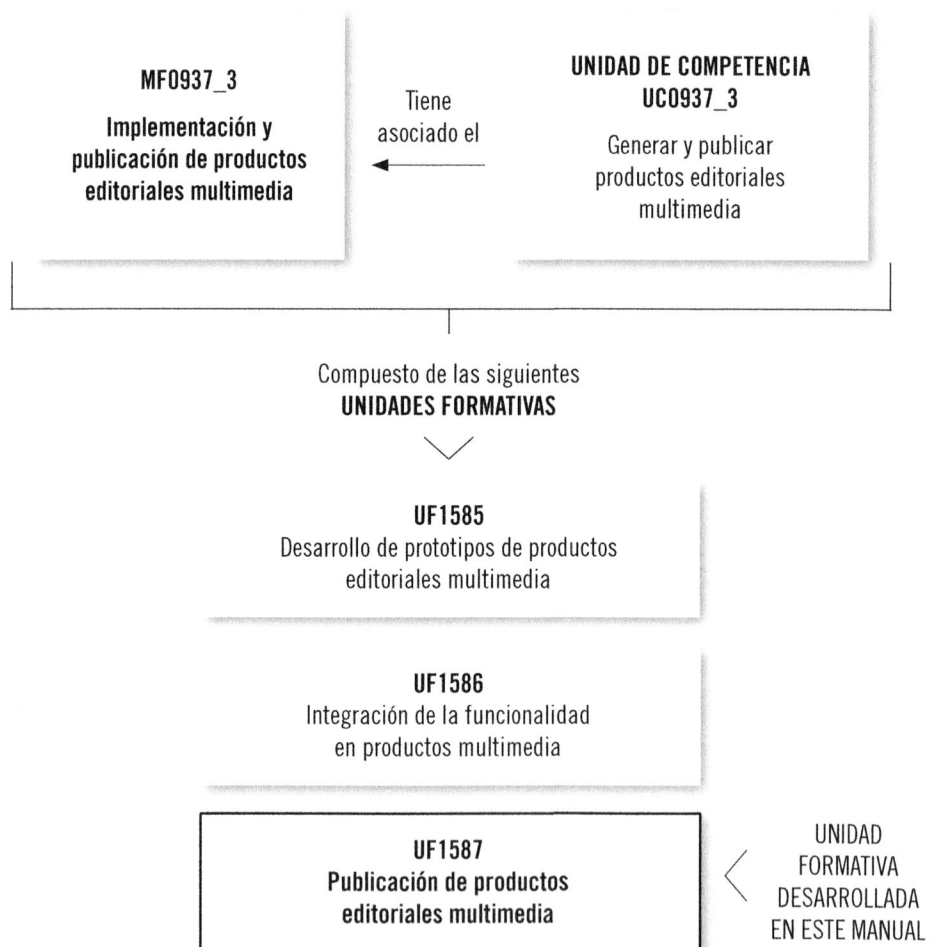

FICHA DE CERTIFICADO DE PROFESIONALIDAD

(ARGN0110) DESARROLLO DE PRODUCTOS EDITORIALES MULTIMEDIA (R. D. 1520/2011, de 31 de octubre)

COMPETENCIA GENERAL: Desarrollar productos mult media a partir de proyectos editoriales, destinados a entornos web o a soportes físicos digitales; determinando los aspectos de funcionalidad, interacción y usabilidad, definiendo su arquitectura, realizando el diseño de los elementos gráficos y multimedia necesarios para obtener el producto, gestionando y controlando la calidad del producto editorial multimedia.

Cualificación profesional de referencia		Unidades de competencia	Ocupaciones o puestos de trabajo relacionados:
ARG293_3 DESARROLLO DE PRODUCTOS EDITORIALES MULTIMEDIA

(R. D. 1135/2007, de 31 de agosto) | UC0935_3 | Determinar las especificaciones de proyectos editoriales multimedia | • Técnico de diseño multimedia
• Técnico de proyectos editoriales multimedia
• Técnico en producción multimedia
• Diseñador de productos editoriales multimedia
• Asistente al consultor en publicación multimedia
• Maquetista de proyectos multimedia. |
	UC0936_3	Diseñar el producto editorial multimedia	
	UC0937_3	Generar y publicar productos editoriales multimedia	
	UC0938_3	Gestionar y controlar la calidad del producto editorial multimedia	

Correspondencia con el Catálogo Modular de Formación Profesional

Módulos certificado	Unidades formativas	Horas
MF0935_3: Proyectos de productos editoriales multimedia		90
MF0936_3: Diseño de productos editoriales multimedia	UF1583: Diseño gráfico de productos editoriales multimedia	60
	UF1584: Diseño funcional y de la interactividad de productos multimedia	50
	UF1585: Desarrollo de prototipos de productos editoriales multimedia	80
MF0937_3: Implementación y publicación de productos editoriales multimedia	UF1586: Integración de la funcionalidad en productos multimedia	90
	UF1587: Publicación de productos editoriales multimedia	40
MF0938_3: Gestión de la calidad de productos editoriales multimedia		80
MP0341: Módulo de prácticas profesionales no labora es		80

Índice

Capítulo 1

Publicación de productos editoriales multimedia en web y para dispositivos móviles

Contenido

1. Introducción

La World Wide Web o "amplia red mundial" es hoy día el más importante medio de publicación y distribución de información en formato de documentos multimedia de hipertexto. Como servicio de internet, permite interconectar estos documentos y ofrecerlos en tiempo real a millones de usuarios conectados desde cualquier parte del mundo, a través de un navegador instalado en un PC en un dispositivo móvil moderno.

Muchas empresas del ámbito de la información y las nuevas tecnologías han apostado por la web como alternativa a sus productos editoriales clásicos al comprender que este formato tiene un futuro muy prometedor basado en un sinfín de posibilidades y recursos tecnológicos en continuo desarrollo. El éxito, sin embargo, es todavía difícil de conseguir, y la competencia es abrumadora.

Para alcanzarlo, es fundamental seguir una metodología de desarrollo basada en el refinamiento de prototipos, consiguiendo así los niveles de usabilidad, accesibilidad y funcionalidad requeridos. Es importante comprender bien el proceso de publicación web y saber usar las herramientas y lenguajes específicos, de manera que el producto pueda ser ofrecido de manera adecuada al mayor número de personas posible.

2. Fundamentos de la publicación editorial multimedia en web

La publicación de productos editoriales multimedia en formato *online,* es decir, en internet, se basa en unos conceptos que son necesarios conocer para obtener el mejor resultado. En primer lugar, hay que destacar que el producto estará alojado (almacenado) en un servidor web propio o bien contratado a terceras empresas, las cuales ofrecerán el plan de alojamiento que mejor se adapte a las características del producto.

	Alojamiento básico	Alojamiento medio	Alojamiento pro
Capacidad	2 GB	4 GB	8 GB
Transferencia	5 GB	10 GB	15 GB
Correos	50	100	200
Base datos	2	5	10
Dominio	✓	✓	✓
FTP	✓	✓	✓
Precio/año	100 € / año	200 € / año	300 € / año

Características de tres tipos de alojamiento web. Hay páginas que ofrecen comparativas de precios en función de los servicios que se contraten, como <http://www.losmejoreshostings.com/>.

Son muchos los factores que afectan al precio de estos servicios: la capacidad de almacenamiento y transferencia de archivos, las aplicaciones añadidas que disponga el servidor, el uso de sistemas de bases de datos, las medidas de seguridad y gestión de usuarios o la capacidad de ofrecer *streaming* multimedia, entre otros.

 Definición

Streaming
Es un término relacionado con la transmisión a través de internet de datos de audio o vídeo de forma que el usuario los disfruta en tiempo real, como un flujo continuo, a la vez que estos se están descargando. Se basa principalmente, en guardar los datos en un búfer temporal del ordenador e ir reproduciéndolos con un mínimo retardo, pero de manera continua, lo cual es una experiencia de uso positiva por parte del usuario. Es una fórmula opuesta a la descarga completa de los archivos multimedia para ser escuchados o visualizados. Lógicamente, esta técnica no es recomendable para aquellos equipos obsoletos y con conexiones de bajo y limitado ancho de banda.

Además, es necesario tener un nombre de dominio asociado a él, por ejemplo, <http://www.arteinteractivo.com>, el cual suele pagarse anualmente. Muchas veces su precio está incluido en el paquete del alojamiento. Aunque existen opciones de almacenamiento en servidores gratuitos, es una opción que no se recomienda por sus grandes limitaciones en todos los sentidos y por el uso habitual de publicidad de terceros.

Para alojar el producto multimedia en un servidor web se debe realizar una copia o transferencia de los archivos, desde el equipo local donde se ha desarrollado, al servidor. Esto puede hacerse con cualquier programa informático que permita comunicar ambos equipos mediante protocolo FTP (siglas de *File Transfer Protocol* o "protocolo de transferencia de archivos"). Programas muy conocidos para este fin son *FileZilla* (gratuito), *WS_FTP, Cute FTP, Total Commander,* etc. La empresa de alojamiento suministra la dirección, nombre de usuario y contraseña para realizar esta tarea, así como el acceso al panel de control del servidor que permite configurar los parámetros de ciertos servicios.

Otro tema es el uso de los componentes tecnológicos que garanticen las mejores características funcionales e interactivas. En este sentido, la base de todo producto publicado en internet es el lenguaje HTML que sirve para estructurar la información como documento o página web, dándole el formato que hoy en día es universal para prácticamente todas las plataformas *hardware* y *software.*

 **Definición**

HTML
Son las siglas de *HyperText Markup Language,* es decir, "Lenguaje de Marcas de HiperTexto". Es un estándar desarrollado actualmente por la *World Wide Web Consortium* (W3C) basado en el SGML del cual es un subconjunto extendido. Utiliza etiquetas, que son palabras reservadas del lenguaje encerradas entre los caracteres "<" y ">" para definir el formato y las propiedades del texto, hipertexto, imágenes, sonidos, vídeos, etc. Es el lenguaje más importante de la web, pues casi todas las páginas tienen elementos de este lenguaje. Hay varias versiones, de las que la última es HTML 5 (más multimedia).

Sin embargo, HTML no es suficiente; junto al código HTML, los documentos suelen incluir otros lenguajes de programación que se clasifican en lenguajes de guiones del lado del cliente y lenguajes de guiones del lado del servidor, o simplemente de servidor. Los lenguajes del lado del cliente son interpretados por el navegador web una vez cargada la página en el ordenador de la persona que la ha solicitado, ofreciendo mayor funcionalidad y haciéndola más interactiva. Uno de los lenguajes de este tipo más conocidos es Javascript, que se usa frecuentemente para crear innumerables funciones que no ofrece el HTML, por ejemplo la aparición dinámica de mensajes, ventanas, acciones al pulsar en un determinado elemento o cuando se pasa el puntero del ratón sobre un objeto.

Los lenguajes del lado del servidor como ASP, PHP o JSP que pueden potenciar en gran medida el producto, se ejecutan en el servidor web, enviando al cliente de la página un determinado resultado donde frecuentemente se realizan accesos a sistemas de bases de datos.

HTML suele acompañarse también de hojas de estilo CSS para unificar los estilos visuales (colores, tipos de letras, márgenes, etc.) del producto editorial multimedia.

2.1. Análisis previo de prototipos

Para la elaboración y posterior análisis del prototipo de un producto editorial multimedia, como elemento demostrativo y representativo del mismo, debe determinarse desde un principio a qué nivel de detalle, fidelidad y funcionalidad se va a llegar respecto al producto final y la herramienta de prototipado que se va a utilizar. En este proceso creativo, el equipo de trabajo desarrolla y evoluciona el prototipo una vez aceptado por el cliente, para publicar por último el producto final en un determinado medio o soporte.

El análisis se realiza en función del tipo de prototipo. Desde el punto de vista teórico los prototipos pueden ser:

- **Exploratorios:** se usan para definir los objetivos principales del producto multimedia identificando a grandes rasgos los requerimientos funcionales y sus alternativas.
- **Interactivos:** son dinámicos y ejecutables en tiempo real, mostrando así al cliente/usuario las funciones más importantes de manera interactiva.

■ **Operacionales:** son prototipos interactivos que se refinan de manera progresiva hasta que evolucionan en el producto final.

Desde un punto de vista más práctico, un prototipo puede ser de tipo *Sketch,* es decir, más próximo al boceto realizado con lápiz y papel que representa en las etapas más iniciales, el concepto o idea general, el esquema y la distribución de los elementos de diseño, e incluso algunos detalles funcionales. Es frecuente utilizarlo en las primeras entrevistas con el cliente y en reuniones internas del equipo de desarrollo.

Este tipo también se denomina en "baja fidelidad" o "estático", ya que normalmente se diseñan a mano mediante dibujos o esquemas y en su análisis se suelen producir iteraciones de refinamiento, hacia un prototipo más desarrollado y dinámico. Las iteraciones de refinamiento suelen generar nuevas entrevistas con el cliente y el desarrollo de ideas o mejoras en su funcionalidad.

Prototipos sketch para una aplicación multimedia sobre un dispositivo móvil, realizados a partir de las especificaciones previas

Su coste de producción normalmente es y debe ser bajo —incluso desechable— en relación con otros tipos de prototipos. Por el contrario, el coste del análisis es más alto pues necesita posteriormente un desarrollo mayor. El objetivo del *Sketch* es separar el diseño de la creación "física" del producto.

A un nivel más avanzado existen los prototipos de tipo *Wireframe,* que ofrecen mayor detalle del contenido que representan y están especialmente indicados en la organización y distribución visual de las páginas o pantallas del producto, pero no en los detalles gráficos o estilísticos. Si se debe analizar una secuencia de páginas prototipadas en modo *Wireframe,* se habla de *Storyboard.*

Sabía que...

Aunque las primeras ideas sobre el concepto de **Storyboard** surgen a principios del siglo XX, no es hasta los años 30 cuando la compañía Walt Disney lo usa en la producción de películas animadas. En poco tiempo se hizo muy popular en la industria cinematográfica, generalizándose su uso en todo tipo de películas.

El coste de realizar los prototipos en modo *Wireframe* es mayor que en modo *Sketch,* pero lógicamente en la etapa de análisis y desarrollo, el coste disminuye pues su nivel de detalle es mayor. El refinamiento de los prototipos de tipo *Wireframe* permite obtener más información sobre los requerimientos y restricciones del producto.

Los modos *Wireframe* y *Storyboard* se consideran "dinámicos" si además representan un modelo operativo, informatizado, interactivo y poseedor de las funciones presentes en el producto final.

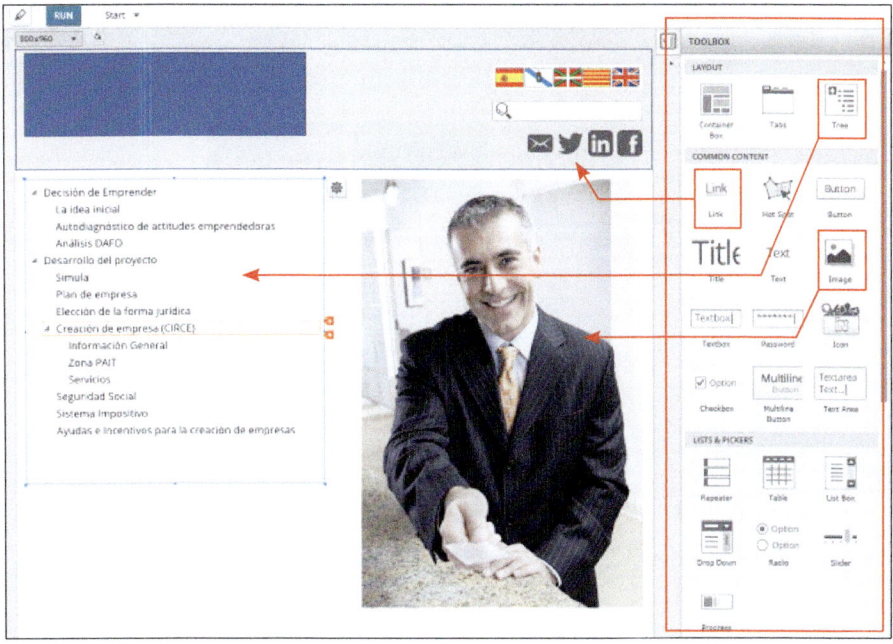

Muestra de una pantalla de la herramienta gratuita de edición de Wireframes Indigo Estudio

Hay otros conceptos respecto al análisis de los prototipos creados. Este se puede realizar de manera "global" cuando se estudian un conjunto amplio de características y funcionalidades para su implementación en el producto definitivo, o de manera "local" cuando se analiza un único elemento o componente, que posee una funcionalidad determinante en el sistema. Dicho de otra manera, el prototipo puede mostrar muchas características con pocos detalles o bien pocas características pero de manera muy detallada—lo cual es especialmente útil en las etapas de análisis y desarrollo posteriores para solucionar determinados aspectos técnicos—.

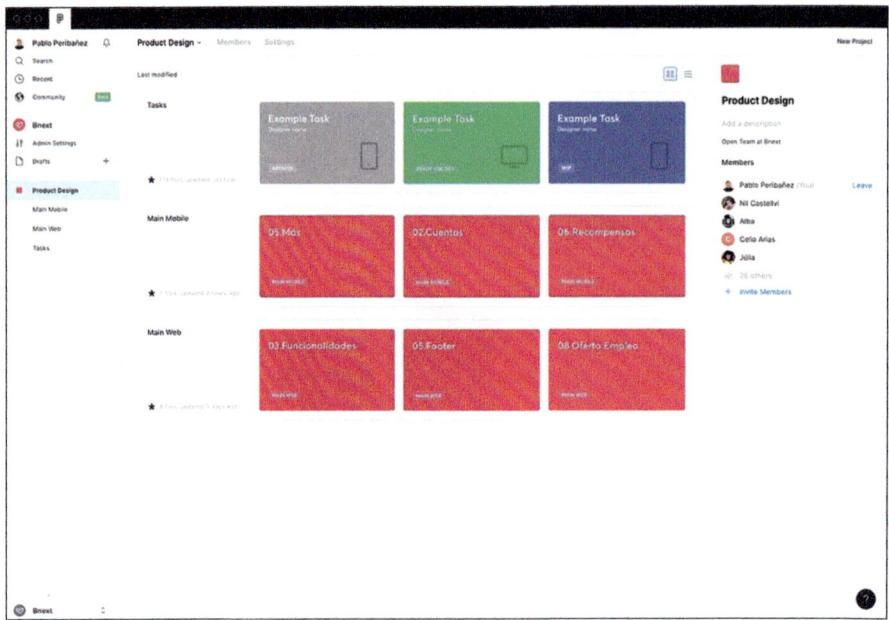

Figma es una herramienta para el diseño de interfaces la cual contempla la realización de prototipos para aplicaciones y páginas web. Está dirigida a diseñadores web, UX y UI que necesitan un software específico, online y colaborativo en simultáneo.

 **Actividades**

1. ¿Qué tipo de prototipo es el que se puede hacer con lápiz y papel?
2. ¿A qué corresponden las siglas FTP y para qué se usa?

2.2. Especificaciones técnicas del producto

El desarrollo de un producto o aplicación editorial multimedia parte generalmente de la definición del proyecto entre el cliente y el equipo de trabajo. En esta fase inicial deben especificarse claramente los aspectos y detalles técnicos más importantes del producto en lo que se refiere a:

- El tema general de la aplicación multimedia.
- A quién va dirigido el producto.
- Determinar el formato de publicación de la aplicación: principalmente *online* y *offline.*
- Planificar el desarrollo realizado mediante sucesivas iteraciones de prototipos y su aceptación por parte del cliente y a qué nivel de detalle se hará.
- Si la aplicación se va a basar en el libro de estilo que aporte el cliente o es necesario crear uno nuevo. Diseñar las líneas generales de la apariencia estética del producto.

Posteriormente, aunque desde las etapas iniciales de desarrollo, se irán especificando otras características, como:

- Qué tecnología y lenguajes se van a usar para programar la aplicación.
- Las especificaciones técnicas sobre los tipos de archivo multimedia que se van a usar, así como sus niveles de compresión.
- El nivel de "responsividad" del producto, es decir, su grado de adaptación a distintos dispositivos independientemente de las características técnicas de estos, como la resolución de sus pantallas. Cada vez se accede más a la web y a las aplicaciones desde dispositivos móviles.
- Los elementos de control internos de la aplicación como el sistema de navegación: menú de navegación, botones de navegación, hipertexto, hipervínculos, etc.
- Reproducción de las secuencias de audio y vídeo, reproductores que usarán y "codecs". Determinar si en algunas pantallas se usarán animaciones y/o música de fondo.
- Temporización: ajuste del tiempo de determinados elementos, en los que a modo de presentación se van desarrollando secuencias de carácter demostrativo o didáctico, donde es muy importante fijar correctamente la velocidad de ejecución.
- Accesibilidad y usabilidad del producto.
- Otros elementos: barras de desplazamiento, controles de impresión, sistemas de búsquedas, formularios, acceso a datos, etc.

 **Definición**

Codec

Es un término que proviene de las palabras "codificador-decodificador" y sirve para referirse a un sistema *software* o *hardware* que permite la reproducción y transmisión de flujos de datos multimedia, en especial audio y vídeo. La principal función de un "codec" es reducir el tamaño de los ficheros, lo cual mejora su reproducción y el almacenaje. La mayoría de las veces esto provoca pérdida de información y, por tanto, de calidad.

Hay un gran número de técnicas y métodos relacionados con el desarrollo de proyectos y la programación de los mismos, mediante los cuales se puede llevar un control de las especificaciones funcionales, operativas y de seguimiento. Una de las más sencillas es el uso de las tablas de control, que sirven para especificar cómo se comporta la aplicación multimedia a lo largo de los distintos temas o pantallas, especificando como datos más importantes:

- Nombre, número o código de la pantalla.
- Orígenes o entradas: de qué pantalla o pantallas se llega a esta.
- Destinos o salidas: desde esta pantalla, a qué pantallas se puede acceder.
- Fondo: si la pantalla tiene un diseño de fondo, el color del mismo, si es una imagen o si usa algún tipo de efecto o animación, por ejemplo.
- Textos que aparecen en la pantalla y descripción de los estilos usados.
- Elementos de navegación: menús, botones, hipertexto, etc.
- Botones de acción: botones que permiten ejecutar un determinado comando, como salir de la aplicación, desactivar el sonido, imprimir una determinada pantalla, etc.
- Zonas sensibles de la pantalla y su comportamiento, es decir, aquellas que tienen definida una determinada interactividad con el usuario.
- Elementos multimedia: secuencias de audio o vídeo, así como los controles que se usan para su reproducción, propiedades, etc.
- Ventanas de ayuda y control: su contenido, formato y eventos que producen su aparición.
- Otros datos: si la pantalla se presenta durante un tiempo determinado, incluye controles de formulario, búsquedas u otros elementos, etc.

Nota

Las tablas de control permiten hacer la descripción de las pantallas que forman la aplicación, una vez establecida la idea principal y la navegación por el árbol de contenidos, así como el orden de aparición de los elementos que componen una pantalla, el destino de los vínculos de una página, o el tiempo que dura una determinada narración.

Aplicación práctica

De la reunión mantenida con un cliente para la realización de una web multimedia se obtiene la siguiente información: se desea un diseño claro y bien estructurado donde en la parte superior izquierda se coloca el logotipo de la empresa. Justo debajo debe ir un menú horizontal que ocupe todo el ancho de la página, con los enlaces "home", "quiénes somos", "marco normativo", "sitios de interés", "acceso usuarios", "servicios y contacto". Más abajo, el espacio horizontal lo ocupa un *banner* y un espacio para buscar, con la distribución que se desee.

Debajo de esto se presenta el área de contenido. Estará formada por el título del contenido que se esté visitando y a la derecha la fecha y la hora. Justo después, a la izquierda se muestra el texto de dicho contenido y a la derecha ocupando el 30 % del espacio, una zona fija para registrarse.

Al final, en la parte más inferior, se sitúa el pie de página que muestra a la izquierda el enlace "Información del sitio", y a la derecha el enlace *copyright*. Los márgenes que rodean la página ocupan aproximadamente el 15 % en todos los lados.Realice el prototipo *sketch* o dibujado a mano que cumpla con estos requisitos de diseño.

Continúa en página siguiente >>

<< Viene de página anterior

SOLUCIÓN (Posible solución)

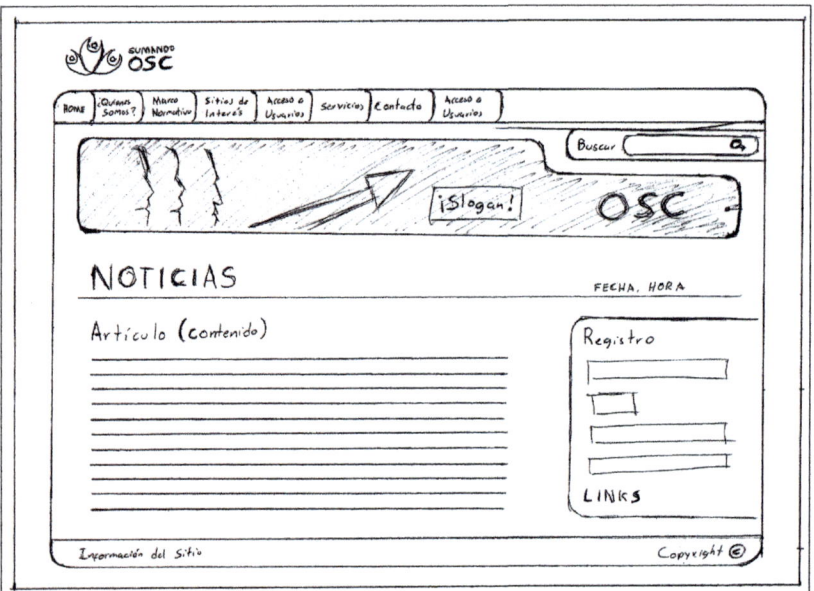

 ## Aplicación práctica

Se necesita realizar la tabla de control del boceto web que se muestra en la siguiente imagen. ¿Cómo lo haría?

Continúa en página siguiente >>

SOLUCIÓN

Núm.	Elemento	Descripción
1	Nombre página	Medix - Página Principal/landpage
2	Orígenes	Buscadores de internet o solicitando dirección HTTPs
3	Destinos	"Productos", "Obesidad", "Médicos", "Redes sociales", "FAQ", "Contacto", "Mapa de Sitio" y "Aviso Privacidad".
4	Fondo	Blanco y tonos de azul
5	Textos	Fuente Arial tamaño 12 para textos y 14 para títulos predominante mayúscula color negro o blanco según fondo.
6	Navegación	Sobre el plano izquierdo, mosaico de imágenes, cada imagen es un botón para "Quienes somos" - "Calidad de vida" - "Nuestros productos" - "Farmacovigiliancia" - "Ética Medix". Sobre el pie de plano izquierdo, botones correspondientes a cuestiones legales de la empresa. Sobre plano derecho, enlaces a text autocvaluables predefinidos, a continuación sobre pie el del plano derecho botones de contacto con la empresa.
7	Botones acción	Cada texto e imagen en plano derecho o izquierdo es un botón de redireccionamiento
8	Zonas sensibles	Todos los textos e imágenes redireccionan al resto del sitio web, excepto los logotipos que certifican premios de excelencia sobre el plano derecho
9	Multimedia	zona izquierda: imágenes botones y enlaces a vídeos de YouTube zona derecha: cada botón nos enlaza a un pequeño cuestionario autoevaluativo
10	Ayuda	Botón de *call center* y número telefónico de la empresa

2.3. Implementación del producto a partir del proceso asociado al prototipo

El proceso de creación de un prototipo se basa en una serie de etapas que previamente se definen con las especificaciones más importantes del producto. Así, el prototipo de un diseño editorial multimedia, entendido como un modelo de simulación y demostración debe poder ser convertido, mediante un sistema planificado o automatizado, en el modelo definitivo que representa, sin perder en ningún momento las características funcionales y de interactividad.

El objetivo es optimizar el tiempo de desarrollo del proyecto involucrando desde el principio al cliente o a los usuarios en este proceso, centrando la atención en implementar lo antes posible la funcionalidad y dejando a un lado los detalles estéticos que puedan distraer. Esto está muy relacionado con el concepto de evolucionar un prototipo o producto básico mediante iteraciones, a través de la "experiencia de usuario" o UX (user experience).

 Nota

La UX es el método que usan hoy día los gigantes de internet como *Google* y *Facebook,* entre otros. Se basa principalmente en desarrollar un producto con continuos cambios y pequeñas evoluciones, contando con la experiencia retroactiva de los usuarios. Estos, como si fuesen millones de *testers* o probadores, participan en un escenario donde la información sobre la experiencia de uso del producto tiene un gran valor en el desarrollo del mismo.

Las ideas de desarrollo de aplicaciones multimedia a partir de prototipos están muy extendidas hoy día y existen multitud de aplicaciones para usar estos métodos. Lo más importante es la definición previa del proyecto y optimizar el desarrollo del mismo a partir de los pasos seguidos durante la creación y evolución de los prototipos.

2.4. Aportaciones de calidad y mejora para su publicación

Antes de realizar la publicación del producto editorial multimedia, se recomienda tener en cuenta una serie de condiciones que mejoran el diseño, la funcionalidad y el posterior uso de la misma por parte de los usuarios:

a. Los fallos y deficiencias en el servidor donde se aloja el producto que impiden acceder a la publicación *online,* son muy mal vistos por parte de los usuarios, por lo que merece la pena invertir en un servidor fiable. Es más importante la capacidad de transferir archivos eficazmente, que un gran almacenamiento a menos que esto también sea necesario.

b. Relacionado con el anterior punto, si un determinado servicio, página o pantalla no está terminado o no se encuentra disponible, no usar nunca la típica pantalla de "En construcción". Estas pantallas dan muy mala imagen, y seguramente el usuario no vuelva a usar el producto. Como alternativa deshabilitar temporalmente los enlaces a estas páginas de la manera más discreta posible.

c. Optimizar los archivos multimedia usados, como las imágenes en formato JPG, GIF o PNG y los sonidos en formato MP3. Mantener unos niveles mínimos de calidad, reduce notablemente el tamaño de los archivos, y por consiguiente el tiempo que tarda el usuario en descargarlos, visualizarlos o escucharlos.

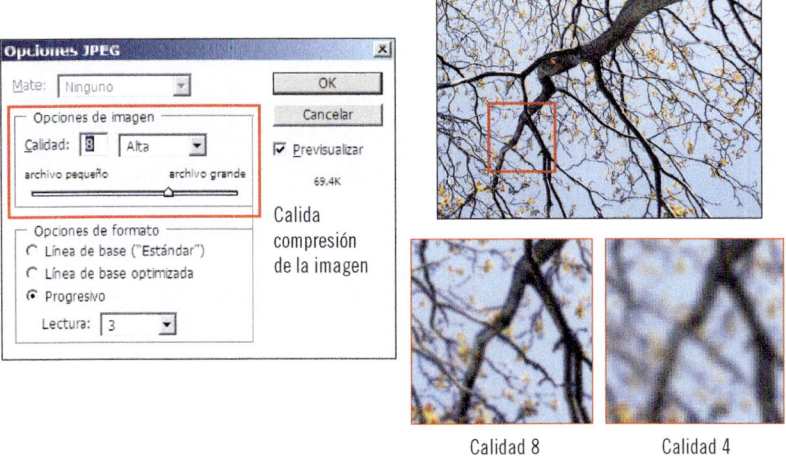

Calidad 8   Calidad 4

Proceso de compresión del formato JPEG en Adobe Photoshop, donde la calidad del archivo resultante es directamente proporcional a su tamaño en "bytes".

d. Especial importancia, debido al gran tamaño que pueden llegar a alcanzar, tienen las secuencias animadas por ordenador, como las animaciones 3D y las secuencias de vídeo. Si bien los formatos más populares de vídeo son AVI y MPEG, como así también el discontinuado *Adobe Flash Player,* con el formato FLV, hoy en día los desarrolladores y plataformas de video han migrado a formatos más modernos y eficientes como MP4 (que utiliza el codec H.264), WebM y otros estándares HTML5.

Por ejemplo, MP4 permite una alta compatibilidad con navegadores modernos y dispositivos móviles teniendo una excelente relación de compresión y calidad. WebM es un formato de vídeo abierto desarrollado por Google que utiliza el codec VP8 o VP9, y está optimizado para la web. Por último, Ogg/Theora es otro formato de vídeo libre y abierto que utiliza el codec Theora para vídeo y Vorbis para audio, también muy difundido.

e. Usar si es posible el estándar de gráficos vectoriales SVG en sustitución de determinadas imágenes, por sus ventajas de tamaño de archivo y escalabilidad. Estudiar el uso de ciertas etiquetas que aportan la versión 5 de HTML, que permiten insertar de forma nativa, abierta y más eficiente, elementos multimedia como audio y vídeo en el documento web sin la necesidad de usar *Flash.*

f. Definir el estilo visual del producto mediante hojas de estilo CSS estableciendo así de manera uniforme la apariencia de elementos tales como textos, fondos, vínculos, tablas o imágenes. Se pueden almacenar en un fichero o documento aparte, lo que permite su reutilización en otros ficheros HTML. Así en el documento CSS se guardan los distintos nombres o "selectores" que representan un conjunto de propiedades y valores de presentación, para poder ser aplicados posteriormente.

Declaración de un estilo para la etiqueta "h1" definiendo dos propiedades de color, con sus respectivos valores ("color" es el color del texto y "background" el color de fondo)

g. Aplicar el conjunto de técnicas que mediante HTML 5 y CSS 3, principalmente, permiten que el producto multimedia se adapte visualmente al dispositivo que acceda a él. Esta característica se denomina "diseño responsivo", "responsable" o "adaptativo" y tiene como principal objetivo que el producto pueda adaptarse correctamente a cualquier dispositivo que acceda a ellos, como teléfonos móviles, tabletas, televisores de nueva generación, y ordenadores personales.

h. No hay que cargar las páginas de efectos visuales, algunos de los cuales incluso puede que no funcione en todos los navegadores. Los efectos pueden ser muy llamativos, pero en general son recursos ceñidos a las modas y por ende pasajeros.

i. Para ofrecer documentos que los usuarios puedan descargar una de las mejores soluciones es el formato PDF: puede visualizarse en cualquier plataforma *software* y *hardware* incluida internet con distintos niveles de compresión y admite reglas de seguridad y control.
Las siglas corresponden a Formato de Documento Portable, y es un tipo de archivo abierto y estandarizado, que permite almacenar texto, hipertexto, imágenes vectoriales, imágenes de mapas de bits y contenidos multimedia. La mayoría de los navegadores actuales permiten mostrar documentos PDF directamente.

j. JavaScript, el principal lenguaje de guion presente en internet, se ha revalorizado en los últimos tiempos y la tendencia es aprovechar sus virtudes para mejorar la interactividad y funcionalidad del producto y potenciarlas con nuevas tecnologías basadas en él, como AJAX, jQuery y el uso de HTML 5 y CSS 3, comentado anteriormente.

k. Usar siempre que esté dentro de las especificaciones del proyecto, características de la web 2.0. que actualmente llevan ya tiempo desarrolladas.

Un ejemplo son las encuestas interactivas que permiten la participación de los usuarios en un determinado tema.

l. Se aconseja mejorar el posicionamiento web del producto multimedia con distintas técnicas que en conjunto hacen la página más "visible" a los buscadores. Este tema es complejo, pues no existe la garantía de obtener el mejor de los resultados, salvo que se haga una fuerte inversión en *marketing online* y en contratar el posicionamiento.

m. La accesibilidad, es decir, la cualidad de ofrecer el producto multimedia a todas las personas independientemente de su capacidad y la usabilidad, como virtud de facilidad de uso, son dos de las características más importantes. Se amplían estos conceptos más adelante en este capítulo.

n. Los productos publicados en la web pueden mostrar datos organizados, mediante el acceso a bases de datos alojadas en el servidor. Para ello, es necesario programar la aplicación mediante lenguajes de guiones del lado del servidor como PHP o ASP y conectar el código con un determinado sistema de base de datos. Hoy día el acceso a la base de datos MySQL desde PHP es una de las mejores y más efectivas soluciones, aparte de ser libre y gratuita. El uso de bases de datos tiene la gran ventaja de automatizar y simplificar enormemente el uso del sistema y las posteriores actualizaciones.

o. Si se usan formularios para ofrecer al usuario un método seguro de comunicación con la aplicación, es aconsejable programar rutinas que aseguren que la información suministrada es válida e informar además sobre la Ley Orgánica de Protección de Datos en el caso de que el usuario tenga que enviar datos personales.

p. Si está trabajando en un proyecto orientado a explotar las posibilidades de la Web 3.0, se debe tener en cuenta el correcto trabajo detrás de la página visible, para desarrollar los algoritmos de inteligencia artificial (por ejemplo, con herramientas de programación como Python), que permitan personalizar el contenido según las preferencias y el comportamiento del usuario, lo cual mejora la experiencia del usuario al mostrarle contenido relevante, aumentando el tiempo de permanencia y la interacción. De este modo, se podrán implementar *Chatbots* y asistentes virtuales que permiten resolver consultas en tiempo real de navegación.

q. Se debe mejorar permanentemente los datos enlazados que optimizan la búsqueda y navegación de nuestra página, utilizando tecnologías de la web semántica para estructurar y etiquetar datos, permitiendo que los motores de búsqueda comprendan mejor nuestro contenido, lo cual permitirá que los resultados de búsqueda sean más precisos y la navegación más intuitiva. De esta forma, se permite una correcta interoperabilidad de datos, integrando datos de diferentes fuentes y servicios utilizando estándares de datos enlazados *(linked data).*

r. Otra posibilidad que permite la Web 3.0, es el desarrollo de objetos virtuales a partir de la realidad aumentada (AR) y realidad virtual (VR), generando experiencias inmersivas y atractivas, para productos y servicios, especialmente en sectores como el comercio electrónico y la educación. Haciendo un uso racional de la herramienta, se puede visualizar productos en su entorno real mediante AR, o bien expandir las prestaciones de nuestros servicios a través del Internet de las Cosas (IoT), concepto que se centra en la interacción con dispositivos conectados a internet, integrándolos a un espacio virtual donde al usuario se le proporciona servicios más inteligentes y personalizados, como el control de dispositivos domésticos a través de la web. Esta herramienta además es útil para la recopilación de datos en tiempo real permitiendo la creación de servicios basados en datos al instante y precisos.

s. Se puede hacer uso de Interfaces Naturales y utilizar programación específica que permita integrar el reconocimiento de voz y gestos (para traductores, por ejemplo), lo que proporciona formas fluidas de interacción, vinculándose a su vez con herramientas de *Content Delivery Networks* (CDNs) y optimizadores de contenidos lo que permite una entrega y distribución rápida de datos de manera eficiente y a nivel global, reduciendo el tiempo de carga y mejorando la experiencia de usuario.

 Actividades

3. Mediante el uso de tablas de control, ¿cuáles son los elementos que definen la navegación en el producto multimedia?
4. ¿Qué recurso sirve para unificar la apariencia y el estilo visual del producto multimedia *online?*

3. Herramientas utilizadas para la publicación en web

Cuando alguien visita una página web, lo que hace básicamente es acceder mediante un programa de navegación a un servidor web conectado a internet, el cual enviará al navegador un archivo en formato HTML y los distintos objetos —como imágenes, por ejemplo— que la página muestra. Este "aparentemente" sencillo proceso implica un trabajo previo de edición y posterior traspaso de la información, que necesita el uso de herramientas de *software* para la creación y publicación de los documentos multimedia, la transferencia de los archivos y la programación de determinadas funciones.

 Nota

Se suele denominar "servidor web" tanto a la máquina física o computadora como al programa informático que instalado en ella, realiza la función. También denominado servidor HTTP, su tarea principal es aceptar las solicitudes de acceso a los documentos web almacenados en sus discos y devolver a los usuarios a través de Internet, documentos HTML junto con el resultado de la ejecución de otros posibles lenguajes como ASP, PHP, o datos almacenados en una base de datos.

3.1. Herramientas de autor para la publicación de elementos multimedia

El concepto de "herramienta de autor" se relaciona con aquellos tipos de programas que ofrecen a los desarrolladores un conjunto de funciones y utilidades que ayudan en el diseño y creación de aplicaciones profesionales, de la manera más sencilla posible.

La herramienta de autor debe cumplir el objetivo de disminuir el esfuerzo a realizar por parte de los usuarios en el proceso de creación, ya sean estos expertos programadores, o por otro lado, personas que sin conocimientos de programación puedan llegar a desarrollar un buen producto multimedia.

Definición

Herramienta de autor
Una herramienta de autor es una aplicación informática que ofrece una interfaz efectiva y productiva, acompañada de objetos ya programados, complementos, funciones y *scripts* entre otros, permitiendo el diseño y programación de un producto editorial multimedia de forma completa desde el inicio hasta su publicación.

Para la publicación de productos editoriales multimedia, existen una importante cantidad de herramientas *online* y *offline* comprendidas como *softwares* y aplicaciones. A continuación, se ofrece un recorrido de por las herramientas más utilizadas que permiten la elaboración de páginas completas o bien detalles e intervenciones de diseño.

A grandes rasgos, en primer lugar se pueden enumerar las siguientes herramientas:

- **Editores de código.** Son herramientas básicas para escribir código HTML, CSS y JavaScript que permiten trabajar con resaltado de sintaxis, autocompletado y depuración. Los más conocidos son *Visual Studio Code, Sublime Text* y *Atom.* Son programas gratuitos y descargables al ordenador. Desde ya que requieren conocimientos de programación.
- **Constructores de sitios web.** Permiten crear sitios web sin necesidad de escribir código. Ofrecen una interfaz visual para arrastrar y soltar elementos, plantillas prediseñadas y alojamiento web integrado. Los más conocidos son *Elementor, Wix, Squarespace* y *Weebly.* Son aplicaciones online que requieren trabar conectados. Desde ya que no requieren conocimientos de programación por lo que son adecuados para principiantes pero a su vez, la personalización y originalidad de la páginas web se limita al prediseño que ofrecen.
- **Plataformas de desarrollo sin código.** En este caso permiten crear aplicaciones web sin escribir código. Ofrecen interfaces visuales para crear interfaces de usuario. Son ideales para crear prototipos rápidamente y no requieren conocimientos de programación. Se puede mencionar a

Bubble, Adalo y *Microsoft Power Apps.* Cabe destacar que tienen grandes limitaciones en cuanto a la funcionalidad y el rendimiento.

■ **Generadores de sitios web estáticos.** Permiten crear sitios web a partir de archivos HTML, CSS y JavaScript. Ofrecen una forma simplificada de crear sitios web sin necesidad de un servidor web tradicional. Las plataformas de desarrollo más utilizadas son *Gatsby, Jekyll* y *Hugo.* Son muy fáciles de implementar pero requieren tener conocimientos de manejo de etiquetas HTML, CSS y JavaScript.

■ **Herramientas de gestión de contenido (CMS).** Permiten crear y administrar contenido web sin necesidad de conocimientos de programación. Ofrecen una interfaz para crear páginas, cargar imágenes y editar texto. La más conocida de todas es *WordPress,* pero también existen *Drupal* y *Joomla* en la creación y administración de contenido web. Estas herramientas tienen la desventaja de mantenerlas y actualizarlas permanentemente y también son vulnerables a ataques si no se configuran correctamente.

Herramientas puntuales de *software offline*

En la era digital, la creación de contenido web de alta calidad requiere el uso de herramientas especializadas que permitan a los profesionales del diseño y la edición materializar sus ideas con precisión y creatividad. Las herramientas de *software offline,* como *Adobe Premiere Pro, Adobe Photoshop* y *Adobe InDesign,* se han consolidado como pilares fundamentales en este proceso. Estas aplicaciones ofrecen una gama de funcionalidades avanzadas que abarcan desde la edición de vídeo profesional y la manipulación de gráficos hasta la maquetación de diseños complejos, proporcionando a los creadores las capacidades necesarias para producir contenido impactante y de alta calidad. A través de estas herramientas, los profesionales pueden no solo optimizar su flujo de trabajo, sino también elevar el nivel de su producción artística, adaptándose a las demandas de un entorno digital en constante evolución.

Adobe Premier Pro

Se trata de un *software* de edición de vídeo profesional desarrollado por Adobe y utilizado por cineastas, editores de televisión y creadores de contenido *online* para vídeos de alta calidad.

Con este programa se puede editar y montar clips de vídeo, importarlos, reorganizarlos agregar fuentes, recortarlos, unirlos y aplicar transiciones. Puedes añadir y editar pistas de audio, ajustar niveles de volumen, aplicar efectos de audio y sincronizar el audio con el vídeo. Puedes corregir el color y la imagen en general, como así también añadir efectos y gráficos.

A su vez el producto obtenido puede exportarse en una variedad de formatos para diferentes plataformas de alojamiento y dispositivos de reproducción.

Premiere Pro es una herramienta potente que puede ser utilizada por personas de todos los niveles de experiencia, sin embargo, está especialmente orientado a editores de vídeo profesionales que necesitan crear vídeos de alta calidad.

Adobe Photoshop

Se trata de un editor de gráficos rasterizado para ordenadores personales. Hoy es el más popular utilizado por fotógrafos profesionales, diseñadores gráficos y artistas digitales. Sus posibilidades permiten editar y retocar fotografías, crear gráficos, diseñar composiciones (collages) y manipular imágenes. Es un programa que permite trabajar por capas y tiene una amplia gama de filtros y *plugins.*

Adobe InDesign

Es un *software* de maquetación profesional utilizada por diseñadores gráficos, editores y profesionales de la preimpresión para crear diseños de página para impresión digital y física, como libros, revistas, folletos, carteles y material publicitario. Permite crear diseños de página complejos con varias columnas, marcos de texto, imágenes y gráficos. Se puede formatear texto, incluir imágenes, gráficos y aplicar estilos.

Herramientas de aplicaciones *online*

Las herramientas en línea están revolucionando la forma en que se crea y se gestiona contenido digital. Entre ellas, *Canvas.com, Bookcreator.com* y

Leonardo AI se destacan por sus capacidades únicas y su versatilidad. Estas herramientas destacan por su capacidad para compartir portafolios, crear y editar vídeos, y colaborar en proyectos de diseño, como así también permiten la creación de documentos interactivos, ofreciendo una experiencia personalizada compatible con múltiples dispositivos. La inteligencia artificial avanzada permite generar imágenes de alta calidad a partir de descripciones textuales, editar imágenes existentes y adaptarlas para diversos fines, desde *marketing* hasta arte conceptual. Estas plataformas no solo facilitan la creación de contenido, sino que también potencian la innovación y la colaboración en la era digital.

Canvas.com

Canvas es un Sistema de Gestión de Aprendizaje (LMS) para crear y administrar cursos en línea. Sin embargo, *Canvas* se popularizó desde el diseño gráfico porque permite compartir portafolios y proyectos, crear y editar videos con tutoriales y cursos. Se puede colaborar con otros diseñadores y administrar proyectos de diseño. Si bien no es una herramienta de diseño gráfico en sí misma, puede ser una herramienta valiosa para diseñar.

Bookcreator.com

Se trata de una plataforma especialmente diseñada para la creación de *e-books* interactivos con texto, imágenes, vídeos y audio. Ofrece opciones de personalización y es compatible con diferentes dispositivos, incluyendo tabletas y *smartphones*.

Leonardo AI

Leonardo AI es una plataforma de inteligencia artificial (IA) que permite crear imágenes de alta calidad y resolución a partir de descripciones textuales. También posibilita la edición de imágenes existentes y adaptarlas a diferentes propósitos como *marketing,* diseño gráfico, ilustración, arte conceptual y mucho más. Cuenta con modelos de IA avanzados dentro de una interfaz muy fácil de usar. Permite utilizar parámetros de generación personalizables y obtener alta calidad de imagen, ofreciendo a su vez una API (Interfaz de Programación de Aplicaciones, que consiste en un conjunto de definiciones y protocolos que permiten a diferentes aplicaciones comunicarse entre sí) permitiendo a los desarrolladores integrar sus funcionalidades en sus propias aplicaciones.

3.2. Herramientas de transferencia de ficheros

Cuando se realiza un proyecto de aplicación multimedia el procedimiento se basa en "montar" el producto en el disco duro de un equipo informático "local" para posteriormente pasar esta información al servidor web contratado junto con los archivos multimedia que se utilicen. Esta transferencia de ficheros se denomina "publicación web" y se realiza mediante el proceso de comunicación denominado FTP (siglas de *File Transfer Protocol* o Protocolo de Transferencia de Archivos), haciendo posible que cualquier usuario con acceso a internet pueda acceder al producto multimedia.

Al contratar el servicio de alojamiento junto con el dominio, que es la dirección del servidor web donde se alojará la página asociado a un nombre válido en internet, se debe recibir por parte de la empresa que preste este servicio unos datos de acceso. Estos datos son:

- Nombre de usuario y contraseña para acceder al panel de control del alojamiento contratado.
- Nombre del servidor y nombre de la sesión.
- Nombre de usuario y contraseña del servicio de FTP.
- Nombre del directorio remoto.

 Nota

Todo servidor conectado a internet se identifica de manera única mediante una dirección IP como puede ser "216.239.61.104" (la dirección IP de Google). Además estas direcciones IP pueden traducirse a un conjunto de caracteres alfanuméricos registrados internacionalmente y denominados "nombre de dominio" de forma que sea mucho más fácil su interpretación. Desde el punto de vista del protocolo FTP se puede usar tanto la dirección IP del servidor web como su nombre de dominio.

Como ejemplo, si se contrata un servicio de alojamiento para el dominio <http://www.artemultimedia.com>, los datos anteriores (se muestran entrecomillados) pueden ser similares a:

- Panel de control: usuario: "user1089"; contraseña: "Op_12ik$mm".
- Nombre del servidor: "http://www.artemultimedia.com".
- Nombre de la sesión: "ftp://ftp.artemultimedia.com".
- Servicio de FTP: usuario: "artemulti"; contraseña: "kandisky".
- Directorio remoto: "htdocs".

El panel de control del alojamiento contratado permite configurar un amplio número de parámetros, desde las cuentas de correo y FTP a la configuración de la seguridad, información de errores o el sistema de bases de datos que se desee instalar. El acceso por tanto debe otorgarse a personas de máxima confianza con sobrada experiencia en el tema.

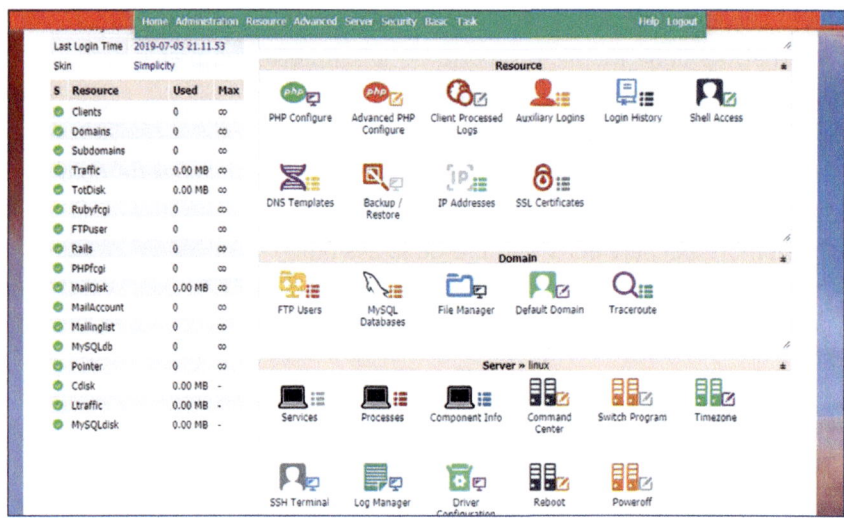

Panel de control al que se accede mediante nombre de usuario y contraseña, y donde se puede configurar un gran número de parámetros del servidor web.

La transferencia de los archivos del producto editorial multimedia al servidor web se hace de manera segura, es decir, autentificándose por FTP en el servidor, mediante un nombre de usuario y una contraseña. Estos datos, como se ha comentado anteriormente, los debe suministrar la empresa a la que se le contrata *hosting* o alojamiento.

Esquema conceptual del proceso de publicación web en el que se transmiten los datos del producto multimedia a un servidor mediante protocolo FTP. Otros usuarios o "clientes" pueden acceder a dicho servidor a través de internet y usar el producto multimedia online

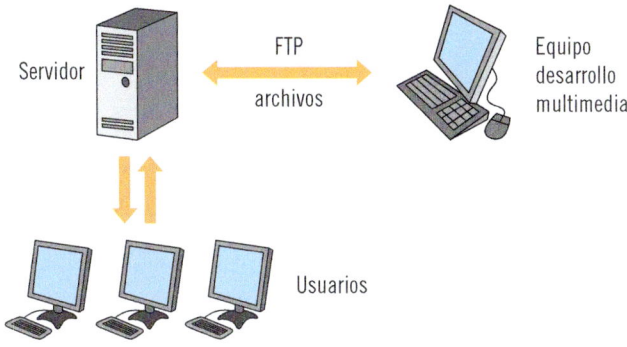

El envío al servidor de los archivos que componen la aplicación multimedia por FTP (acción que también se denomina "subir" los archivos), se realiza mediante un programa denominado "cliente FTP", algunos como *Fillezilla* gratuitos incluso. Este *software* se instala fácilmente y no tiene ningún coste, siempre que se respete las condiciones legales del mismo. Puede descargarse desde la dirección <https://filezilla-project.org/>.

Como primer paso en la utilización de este programa debe crearse el "sitio" o, dicho de otra manera, la conexión con el servidor contratado. Se ejecuta el comando **Gestor de sitios...** desde el menú **Archivo,** lo cual abre una ventana como la que se muestra en la siguiente imagen.

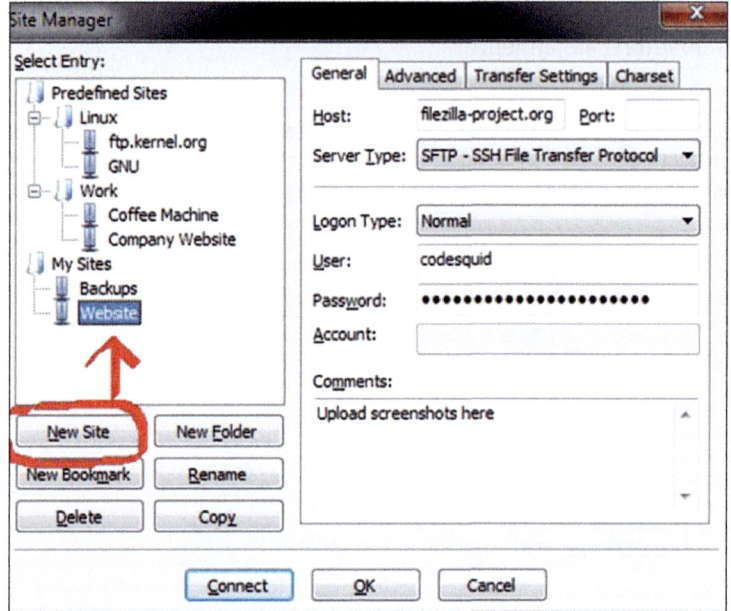

*Ventana de creación del "sitio" —en otros programas se denomina "conexión"—. Después de pulsar en el botón de **Nuevo sitio**, se establece un nombre y se introducen los valores que se muestran a la derecha, incluido el valor 21 para el puerto de FTP.*

Una vez creado el "sitio" puede usarse el botón de **Conectar** para realizar la conexión con el servidor vía FTP y poder transferir los archivos. Es necesario estar conectado con el servidor para realizar la mayoría de las acciones como crear directorios en el servidor o eliminar archivos del mismo.

Desde fuera de la anterior ventana, se puede conectar, desconectar y reconectar usando las opciones respectivas presentes en el menú **Servidor.** También el programa dispone de una barra de herramientas de conexión rápida y puede usarse el mismo botón **Conexión rápida** para conectar.

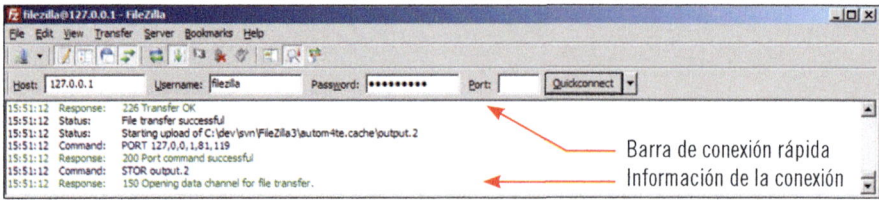

Barra de conexión rápida, que sirve para conectar directamente con el último servidor utilizado. En la parte inferior se muestra el panel que ofrece información en tiempo real sobre el estado de la conexión.

Tras realizar la conexión, el doble panel despliega en el lado izquierdo el árbol de directorios y ficheros del ordenador local o "Sitio local" y en la parte derecha se carga el contenido de subdirectorios y ficheros del servidor o "Sitio remoto" que están por debajo del directorio remoto.

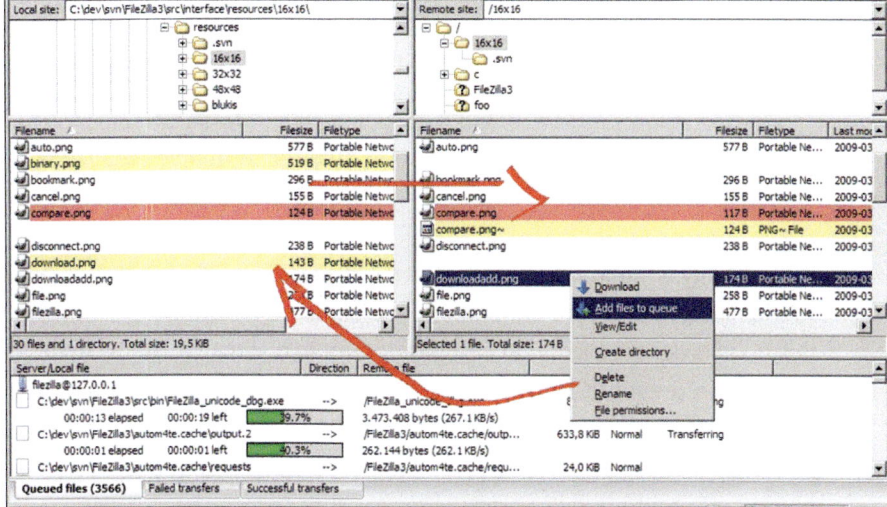

Paneles de gestión de los archivos del sitio local y remoto. Pulsando sobre cualquier fichero o directorio con el botón derecho del ratón aparece un menú contextual con las acciones posibles, entre las que destacan la subida y la descarga de archivos.

 Nota

El directorio remoto, también denominado directorio raíz, es la carpeta del servidor donde se almacenan la mayoría de los archivos de un sitio web, organizándolos mediante subdirectorios. Algunos de los directorios remotos más conocidos son:

- /httpdocs/ Servidor Linux con Ensim.
- /public_html/ Servidor Linux con Cpanel.
- /wwwroot/ Servidor Windows con IIS.
- /httpdocs/ Directorio genérico.
- /httpsdocs/ Directorio genérico con SSL para conexiones seguras.

Actividades

5. ¿Para qué sirve "crear el sitio" desde un programa cliente FTP?
6. ¿Cuál es la herramienta de autor orientada a la creación de documentos HTML más conocida actualmente?

Las acciones más importantes que pueden efectuarse una vez realizada la conexión con el servidor son:

- **Subir archivos** *(upload)*. Es la operación más importante sobre la que se fundamenta la publicación *online*. Es la copia de los archivos almacenados en el ordenador local, al ordenador remoto o servidor. Si los archivos existen, se pregunta si se desean sobrescribir. El tiempo que se tarda en realizar la subida depende del tamaño de los archivos y del ancho de banda contratado en la conexión a internet —normalmente la subida es mucho más lenta que la bajada—.
- **Bajar o descargar archivos** *(download)*. Es el proceso contrario al de subida. Es la copia de los archivos almacenados en el servidor al ordenador local. Normalmente se usa la descarga de archivos para guardar una copia de seguridad en el ordenador local de toda la información contenida en el servidor remoto o en un directorio específico.
- **Crear y eliminar directorios en el servidor.** Son dos importantes acciones que sirven para organizar la estructura de directorios o carpetas del servidor web. En algunos servidores no se pueden eliminar directorios no vacíos. Los directorios solo pueden ser creados por debajo del directorio remoto.
- **Renombrar.** Es la acción de modificar el nombre de un archivo o directorio del servidor.
- **Desconectar.** Es la acción de finalizar la conexión con el servidor. Muchos servidores desconectan automáticamente transcurrido un tiempo de inactividad.
- **Reconectar.** Es la acción de volver a conectar con el servidor.

 **Consejo**

Los procesos de subida y descarga de ficheros deben realizarse muy atentamente, pues la sobreescritura accidental de archivos es una acción que generalmente no puede deshacerse. Se recomienda tener siempre actualizada una copia de seguridad del sitio web para evitar este tipo de problemas.

Respecto a qué cliente FTP es recomendable usar, es algo muy relativo y personal, ya que existen muchos programas, incluso gratuitos, que cumplen sus funciones perfectamente, como *GoFTP, WS_FTP, Total Commander, FireFTP* y *gFTP,* entre otros.

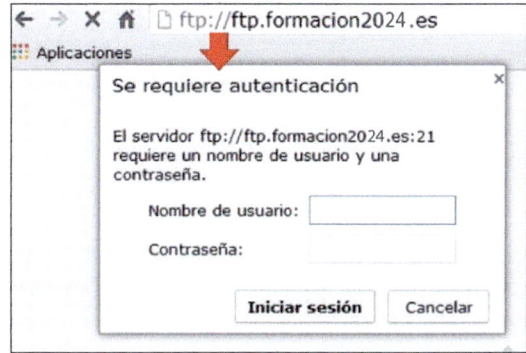

Ventana de autenticación que se muestra en el navegador Google Chrome cuando se intenta realizar una conexión FTP válida.

3.3. Uso de archivos en la publicación web

Un producto editorial multimedia publicado en formato *online* es básicamente un conjunto de ficheros que contienen código HTML y posiblemente código de otros tipos de lenguajes. El código hace referencia entre otras cosas a determinados archivos alojados en el servidor como imágenes, documentos, secuencias de vídeo, archivos de sonido, ficheros de estilos visuales, bases de datos, etc.

Pero, ¿de qué manera se usan estos archivos y cómo se montan en el producto? Habitualmente se hace mediante referencias relativas a su ubicación en el árbol de directorios del servidor web. Por ejemplo, si la página web debe incluir una imagen, en alguna parte del código hay que escribir una línea como la siguiente:

```
<img src="imagenes/logoempresa.jpg" width="75" height="75">
```

Esta línea de código sirve para mostrar en la página una imagen llamada "logoempresa.jpg" que se encuentra en el subdirectorio "imagenes" del servidor, con un ancho y un alto de 75 píxeles respectivamente. El usar de esta manera el nombre del archivo de imagen referido al directorio donde se encuentra, se denomina utilizar "referencias relativas". Las referencias relativas son siempre respecto al directorio raíz del sitio, es decir, del servidor web.

 **Consejo**

Se recomienda no usar acentos en los nombres de archivos y directorios, tanto en el servidor como en el ordenador local. De igual forma, se recomienda que los nombres sean lo más cortos y descriptivos posible y no contengan espacios en blanco ni caracteres especiales.

Se muestran a continuación algunos ejemplos de referencias relativas en el uso de archivos alojados en el servidor mediante HTML:

```
<link rel="stylesheet" href="css/estilos.css" type="text/css">
```

Este código hace que el documento HTML incluya la hoja de estilos "estilos.css" almacenada en el subdirectorio "css".

```
<a href="contacto.html">Contacte con nosotros</a>
```

"Contacte con nosotros" se define como enlace a la página "contacto.html" alojada justo por debajo del directorio raíz del servidor.

```
<a href="documentos/productos.pdf">Catálogo de productos</a>
```

"Catálogo de productos" se define como enlace al fichero "productos.pdf" alojado en el subdirectorio "documentos".

Si en el ordenador local donde se realiza el proyecto multimedia se ha estructurado un árbol de carpetas para organizar la información, hay que tener mucho cuidado de **no usar** en el código referencias absolutas como:

```
<img  src="D:\proyecto\imagenes\logoempresa.jpg"
width="75" height="75">
```

Este código HTML es correcto para el ordenador local donde se ha desarrollado. Pero al publicarlo, los usuarios no podrán ver la imagen "logoempresa.jpg" en la página web, pues en el servidor nunca existirá una estructura de carpetas idéntica a la del ordenador local. Esta es la razón de usar siempre referencias relativas en el código para referirse a cualquier archivo.

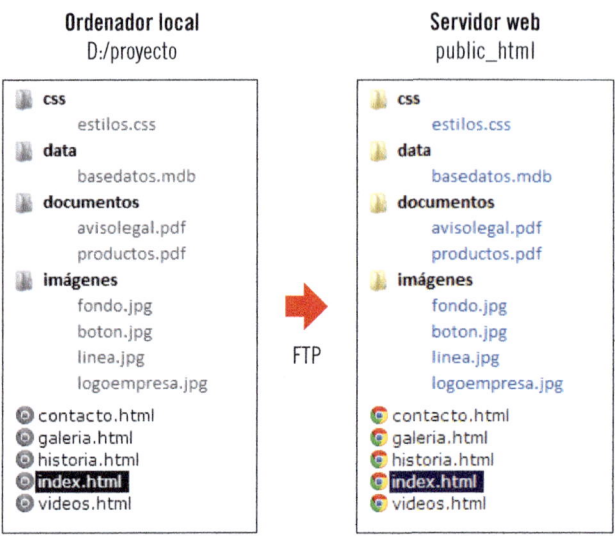

Comparación entre los archivos del producto editorial multimedia almacenados en el ordenador local, por debajo de la carpeta "D:\proyecto" y la copia de los mismos en el servidor por debajo del directorio "public_html"

En la imagen anterior se ha marcado el archivo "index.html". Por defecto un servidor web **ejecuta en primer lugar** un archivo como "default.html" o "index.html" cuando un cliente hace una petición de acceso a la web. Desde ese fichero puede establecerse la pantalla de inicio de la aplicación multimedia *online* y esta característica puede configurarse en el panel de control del servidor. El nombre del fichero depende también de la tecnología utilizada. Si el producto está programado mediante otro lenguaje, PHP por ejemplo, el fichero puede llamarse "index.php" o "default.php".

También es posible publicar productos multimedia en el servidor web de una red local o intranet. En este caso no se necesita usar la conexión FTP, sino que es suficiente la transferencia de los archivos mediante copia a un determinado directorio del servidor local. De una forma u otra, en una red local o en Internet, uno de los últimos y más importantes pasos es comprobar que el producto multimedia funciona perfectamente, una vez publicado.

Nota

El servidor web más utilizado en el mundo es *Apache,* pues es gratuito, multiplataforma y de código abierto. IIS es el servidor web que ofrece *Microsoft* y solo funciona bajo el sistema operativo *Windows.* Por otro lado, un servidor web puede ser de tipo "dedicado" si se refiere a que está soportado por un sistema informático dedicado exclusivamente al sitio del cliente, consiguiendo así aplicaciones de alta demanda y rendimiento. La mayoría de los servicios de *hosting* ofrecen servidores compartidos con otros clientes, siendo así más económicos.

Importante

Hay que respetar la organización jerárquica de carpetas y referencias a archivos que se hayan definido en el proyecto, usando siempre en el código referencias relativas a los mismos.

3.4. Utilidades y *software* específicos de programación

Los productos multimedia diseñados para su publicación en internet suelen programarse mediante los lenguajes HTML, XHTML y XML —denominados lenguajes de marcas—, Javascript, ASP y PHP —considerados lenguajes de guion— y CSS que es un lenguaje de especificación de estilos. Hay más opciones, como los productos y componentes realizados mediante lenguajes de guion Actionscript y Lingo, publicados en formato de películas *Shockwave* y *Flash* respectivamente.

Aparte del *software* de la compañía *Adobe* ya descrito anteriormente, existen unas utilidades y aplicaciones específicas para el desarrollo de estos productos, de los que destacan los siguientes:

- **Netbeans IDE.** *Netbeans IDE* es un potente entorno de desarrollo integrado de código abierto, soportado principalmente por *Sun Microsystems* y

Oracle Corporation y orientado principalmente al lenguaje Java. Permite la programación de aplicaciones web con PHP, aplicaciones Java J2SE, aplicaciones para dispositivos móviles, AJAX, HTML, XML, JSP, C, y C++ entre otros; también funciones más comunes como el autocompletado, el sistema automático de coloración, identación, herramientas visuales, asistentes, etc.

- **HTML-kit.** Es un entorno de programación web gratuito que permite la edición de documentos con código HTML, XHTML, XML, CSS, XSL, Javascript, VBScript, ASP, PHP, JSP, Perl, Python, Java, VB, C/C++, C#, SQL, etc., así como la búsqueda de errores, validación y publicación. Algunos componentes añadidos son de pago.

- **Aptana Studio.** Es un entorno de desarrollo integrado multiplataforma, basado en *Eclipse* y que da soporte a los principales lenguajes de desarrollo web y multimedia, como HTML, PHP, CSS, Javascript, Ajax y *Adobe Air.* Sin embargo, no está limitado a estos, ya que puede ampliar su funcionalidad mediante la instalación de complementos y extensiones.

- **Notepad++, EmEditor o JEdit.** Son editores de texto extremadamente sencillos, como el "bloc de notas" de *Windows,* aunque con mejores prestaciones. La gran mayoría de los ficheros programados en un determinado lenguaje son archivos de texto plano, por lo que se puede utilizar cualquier editor de textos para crear una página web o un documento XML, XHTML, ASP o PHP, igualmente. Lo que no debe hacerse nunca es crear un documento HTML mediante programas como *Microsoft Word* o *Microsoft Powerpoint.*

- **Otros programas.** Hay una inmensa lista de aplicaciones que pueden ser necesarias para el desarrollo del producto multimedia. Desde programas de edición de imagen como *Adobe Photoshop* a utilidades de compresión de datos, edición de audio o vídeo o tratamiento de la "metainformación".

3.5. Características y funcionalidad de las herramientas

En el punto anterior se ha descrito que los lenguajes utilizados para el desarrollo de productos multimedia se pueden clasificar en lenguajes de marcas, lenguajes de guiones y lenguajes de especificación de estilos. Las características y funcionalidades de las herramientas usadas en la producción están directamente relacionadas con las de los lenguajes que usan, las cuales se detallan a continuación.

 **Nota**

Los lenguajes de guiones más importantes hoy día son Javascript, VBScript, PHP, ASP, JSP, Coldfusion y Perl. Estos lenguajes están directamente relacionados con el diseño web, la creación de páginas dinámicas, la programación de potentes aplicaciones web interactivas, y por consiguiente con el desarrollo multimedia.

Lenguajes de marcas y de especificación de estilos

Los productos multimedia realizados mediante lenguajes de marcado usan el lenguaje HTML como base principal de su desarrollo, y las hojas de estilo CSS como mecanismo más importante de definición consistente del estilo visual y ciertas características interactivas.

Un documento escrito en HTML se edita con cualquier procesador de texto simple y se guarda en un fichero de texto plano con la extensión ".html" o ".htm". Contiene una serie de marcas o etiquetas que describen las propiedades de los objetos de la página (texto, vínculos, imágenes, tablas, vídeos, sonidos, etc.), su organización y determinadas características interactivas. Así, mediante HTML se puede determinar que una simple imagen este colocada en un sitio concreto de la página y que al hacer clic sobre ella el usuario acceda —navegue— a otra página.

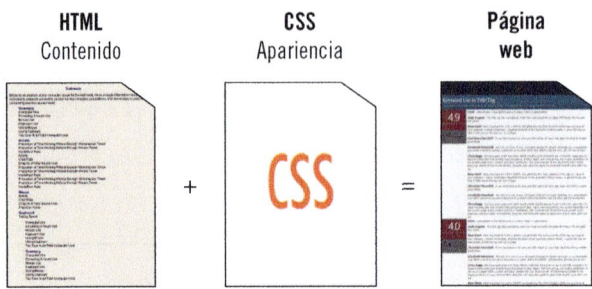

Unión del código HTML como presentador del contenido y los estilos CSS para fijar la apariencia en un documento o página web.

Los estilos se definen en un archivo de estilos CSS, que es un fichero de texto plano con extensión ".CSS". En él se detallan un conjunto de estilos identificados por un nombre y caracterizados por una serie de propiedades que pueden aplicarse a los distintos objetos de una página web.

En el siguiente ejemplo se define el estilo llamado "Titulo" caracterizado por el tipo de letra Verdana, de tamaño 18 píxeles, en estilo negrita y de color verde.

```
.Titulo {
        font-family:Verdana;
        font-size:18px; font-weight:bold;
        color: green;}
```

Para aplicar el estilo anterior se recomienda adjuntar al documento HTML el fichero de estilos y usar la etiqueta "class" sobre un determinado elemento de la página, como puede ser un párrafo de texto:

```
<p class="Titulo">Introducción a los lenguajes de marcas.</p>
```

Otros lenguajes de marcas importantes son XHTML (considerado sucesor de HTML) y XML, un lenguaje usado para crear otros lenguajes de marcas, entre otras cosas. Las principales herramientas usadas para la creación y edición de documentos de lenguajes de marcas deben ofrecer la capacidad de:

- Crear el documento conforme a un estándar.
- Estructurar el documento web mediante tablas y/o capas.
- Adjuntar hojas de estilos CSS.
- Insertar en el documento web texto, imágenes, imágenes de fondo, objetos multimedia, elementos de navegación, tablas, marcos, elementos de formulario, *scripts* en otros lenguajes, etc.
- Ayudar en la edición marcando las etiquetas con distintos colores, permitiendo la identación y la detección automática de errores.
- Realizar una representación visual del documento, lo más próxima a la realidad y permitir la edición en este modo.

Sin embargo, los lenguajes de marcas y estilos tienen ciertas limitaciones: no disponen de estructuras secuenciales, condicionales o repetitivas, típicas de los lenguajes de programación clásicos y no permiten definir funciones que amplíen la funcionalidad del mismo. Solo ofrecen interactividad en la definición de hipertexto, vínculos y uso de controles de formularios y tampoco pueden por sí mismos acceder a sistemas de bases de datos. Para superar estas limitaciones se desarrollaron los lenguajes de guiones.

Lenguajes de guiones

Son lenguajes cuyo código, que suele estar almacenado en un archivo de texto plano o incrustado en el documento HTML, es ejecutado por un intérprete en tiempo real, con el objetivo de resolver un determinado problema, funcionalidad o interacción con el usuario.

Lenguajes de guiones del lado del cliente

Se llaman "del lado del cliente" porque son interpretados por un navegador web una vez cargada la página en el ordenador de la persona que la ha solicitado. Estos lenguajes ofrecen una mayor funcionalidad al documento web, haciéndola más interactiva. Uno de los lenguajes más conocidos es Javascript, pues se usa frecuentemente para crear funciones que no ofrece el HTML, por ejemplo la aparición dinámica de mensajes, ventanas, acciones al pulsar en un determinado elemento o cuando se pasa el puntero del ratón sobre un objeto, efectos de imagen, validación de formularios, etc.

Nota

Los lenguajes de marcas no disponen de etiquetas para validar automáticamente datos introducidos en formularios. Esto debe hacerse escribiendo código de guión, que realice dichas validaciones, sobre los eventos asociados a los elementos de formularios. Javascript permite hacer esto perfectamente. Los lenguajes de marcas no son capaces de capturar los eventos que se producen durante el uso de una página, como hacer clic sobre un botón o pulsar una determinada tecla; un lenguaje de guiones sí. Esto es fundamental en el desarrollo de la interactividad.

Actividades

7. ¿Cómo se puede gestionar un sitio web y publicar documentos en un servidor?
8. Explique brevemente el concepto de referencias relativas al proceso de publicación web.

Otro ejemplo de aplicación de *scripts* es el procesamiento de los datos que un usuario rellena en un formulario web. Estos datos normalmente se envían a través de internet a un sistema de bases de datos, pero antes son analizados automáticamente para comprobar, por ejemplo, que son correctos y consistentes, que no se introducen letras en campos de fecha, caracteres especiales en campos numéricos, o rangos numéricos incorrectos, entre otras situaciones.

Lenguajes de guiones del lado del servidor

Actualmente los servidores web son capaces de interpretar código escrito en diferentes lenguajes de programación, entre ellos los lenguajes de guiones PHP, ASP, JSP o ColdFusion, generando un resultado que se envía al navegador del cliente en formato HTML. Esta capacidad potencia enormemente las características de la programación web y tienen gran importancia en el desarrollo de aplicaciones interactivas multimedia *online* o para ofrecer información contenida en sistemas de bases de datos.

Interpretación por parte del servidor web de una página en lenguaje **PHP** y su transformación en código **HTML**, que es lo que recibe el cliente a través de internet

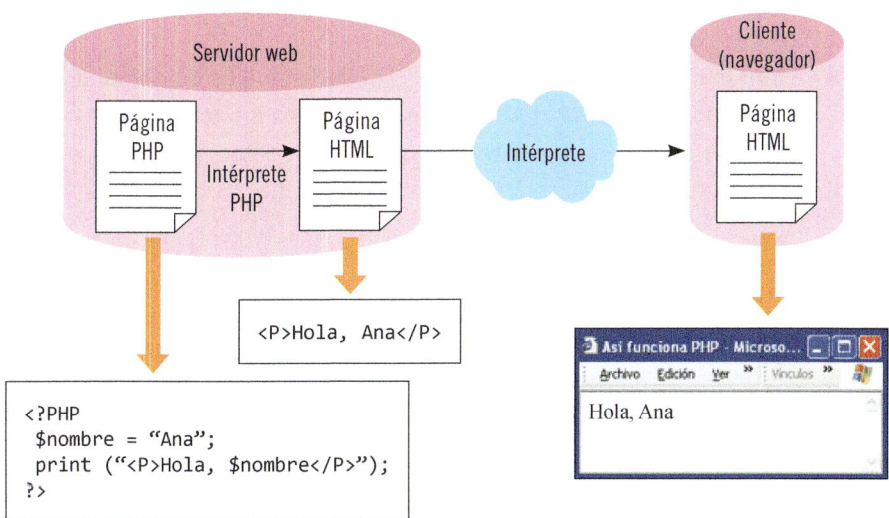

4. Desarrollo de publicación editorial multimedia en web

Las herramientas de programación que sirven para elaborar y publicar productos editoriales multimedia, descritas anteriormente, están enfocadas actualmente a ofrecer soluciones profesionales para la publicación óptima en distintos tipos de dispositivos. Para conseguir esto hay además que partir de unas consideraciones previas que marcan la fase de desarrollo y del diseño de los prototipos iniciales:

- Determinar si el producto editorial multimedia va a estar especialmente orientado a la visualización de animaciones, vídeos y sonidos (puramente multimedia) o a contenidos más textuales, con menos recursos multimedia.
- Planificar los procesos de iteraciones de refinamiento realizados sobre los prototipos iniciales en el caso de que el producto esté destinado a un público general y no a un cliente específico.
- Usar una metodología de trabajo en la que se separe desde un principio la información de su estilo de presentación visual. Transformar el manual de estilo en hojas de estilo CSS o crear estas últimas si no existiera ninguna definición previa de estilos.
- A partir de las funcionalidades definidas en los bocetos y prototipos iniciales, elegir los lenguajes de marcado, de presentación y de guion capaces de implementarlas eficazmente.
- Determinar las posibilidades que el uso de lenguajes de guion del lado del servidor como PHP o ASP incrustados junto a otros lenguajes como Javascript, y el acceso a sistemas de bases de datos, pueden ofrecer al producto.

 Recuerde

En los productos publicados en la web, se usa el lenguaje de marcado HTML como base fundamental para presentar la información y esta puede formatearse de manera eficaz mediante un conjunto de estilos CSS, aplicados a los elementos de la página.

4.1. Proyecto, prototipo y libro de estilo

En el ciclo de desarrollo de un proyecto multimedia uno de los primeros pasos es realizar los bocetos iniciales en los que se representan la interfaz del producto, las pantallas y sus funcionalidades principales. Es un error plasmar con todo lujo de detalles estos diseños previos. En las etapas iniciales lo realmente importante es especificar correctamente el producto, prestando al cliente un servicio de asesoría en el que se responda a sus dudas, se le oriente y se le ayude a definir todos los puntos. Preparar al principio pantallas perfectamente diseñadas puede ser una gran pérdida de tiempo. Es más efectivo diseñar prototipos en los que las ideas del cliente y del equipo de desarrollo converjan hacia los objetivos. Si estos objetivos no se consiguen desde el principio, hay una metodología de trabajo en la que se hace partícipe al cliente, basada en las iteraciones de refinamiento sobre estos prototipos, que derivan en el producto final.

El uso de prototipos disminuye en general el tiempo de desarrollo, pues es más rápido hacer cambios sobre el papel o en el prototipo, que sobre los archivos PSD —si se han realizado los bocetos originales en *Photoshop,* por ejemplo—. Hay que evitar que el cliente se confunda con aspectos gráficos y visuales antes de tener claros los aspectos funcionales.

Respecto a la creación de los prototipos en sí, se puede hacer de muchas formas, y hay innumerables herramientas dependiendo del nivel funcional y de detalle al que se desee llegar y del tipo de prototipo:

- Lápiz y papel *(sketching).*
- *Software* de dibujo *(Adobe Photoshop, Adobe Illustrator, etc.).*
- *Software* de creación de planos, diagramas, organigramas, mapas mentales o lluvias de ideas *(XMind).*
- Maquetación en HTML y CSS definiendo ciertos aspectos de la interactividad con el usuario mediante Javascript.
- Existen herramientas profesionales como *Axure* que ofrecen un sencillo a la vez que completo entorno de desarrollo de prototipos funcionales y creación de *wireframes.* Otros programas son *Indigo Studio, Pencil Project, HotGloo, Mockingbird, iPlotz, JustInMind Prototyper* y *Cacoo.* La mayoría de estas herramientas son visuales y presentan multitud de posibilidades sobre los elementos que se pueden arrastrar al área de dibujo, así como colaboración *online* con otros usuarios o colaboradores.

**Esquema de clasificación de prototipos en planos y maquetas, de baja y alta fidelidad.
En la parte inferior se muestran ejemplos gráficos**

Maquetas
- Baja fidelidad
  - Sketch
  - Wireframes
- Alta fidelidad ⟶ Prototipo funcional

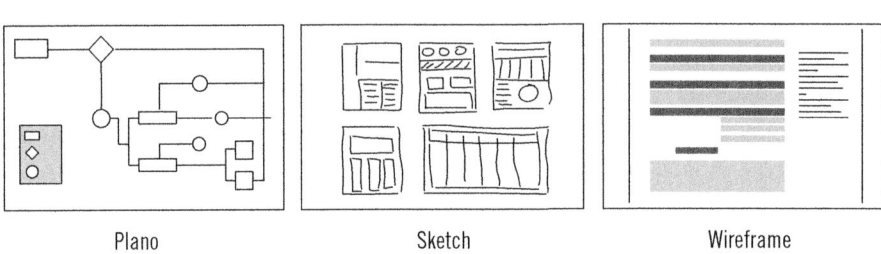

| Plano | Sketch | Wireframe |

 **Nota**

En el ámbito del diseño web un *wireframe* representa un documento HTML de manera esquemática, sin elementos gráficos como tipografías, colores o imágenes. Se usa principalmente para mostrar la arquitectura del producto, las relaciones entre las páginas, la usabilidad del sitio y determinados detalles funcionales.

La creación de prototipos mejora de forma activa la comunicación y participación de los miembros del equipo, usuarios y clientes, dando libertad de probar con distintos diseños y funcionalidades antes de obtener el producto definitivo, evaluándolo desde las primeras etapas del desarrollo. Son muy útiles tanto para la definición de la documentación funcional del sistema como para la documentación de soporte y ayuda.

Si el producto editorial multimedia va a estar directamente relacionado con una empresa o institución, uno de los pasos más importantes y necesarios es la adaptación del manual de estilo o de identidad corporativa, es decir, la guía completa donde se definen las principales características gráficas y visuales, como la tipografía, márgenes y colores, al estilo visual del producto.

El lenguaje HTML permite definir ciertos estilos sobre los contenidos, mediante etiquetas, llamadas etiquetas de estilo. Unas son de aplicación directa, como "<strong>", que sirve para poner en negrita un determinado texto. Otras características de la presentación se determinan mediante la aplicación de determinados valores a ciertas propiedades, como la anchura y altura de una línea o una tabla.

Sin embargo, para los productos *online* la manera más racional de adaptar el manual de estilo es mediante hojas de estilo en cascada (CSS). Las características de estilo pueden definirse en un solo documento CSS y aplicarse a una jerarquía de páginas HTML, adjuntando a cada documento HTML el archivo CSS que contiene dicha información. Esto se hace con la etiqueta "<link>" en la cabecera de la página de cada documento HTML:

```
<link href="estilos.css" rel="stylesheet" type="text/css">
```

 Nota

Los documentos de hojas de estilo son ficheros de texto plano que pueden crearse y editarse desde cualquier procesador de textos simple como el "Bloc de Notas", *Notepad++* o herramientas más profesionales. Es una buena práctica guardarlos en la carpeta "css" del sitio web.

El nombre del estilo suele antecederse con el carácter punto (".") salvo casos especiales. Luego cuando se utiliza dicho nombre en el documento HTML no hay que escribir el punto.

Las hojas de estilo pueden afectar al formato de prácticamente todos los elementos presentes en un documento HTML, incluso a un nivel más pequeño, las etiquetas del lenguaje. Por ejemplo, si en la hoja de estilo se define el color de fondo de la página:

```
.color_fondo {background-color:#F0F0F0;}
```

Puede usarse este estilo en el documento HTML sobre la etiqueta "<body>" mediante la propiedad "class":

```
<body class="color_fondo">
```

Si en algún momento hay que cambiar el color de fondo de todas las páginas que componen la web, tan solo es necesario modificar el estilo y guardar el fichero:

```
.color_fondo {background-color:#F5F5F5}
```

4.2. Elementos de diseño gráfico, navegación e interacción según libro de estilo

En el apartado anterior se ha explicado el concepto de la adaptación del manual de estilo, es decir, la guía completa donde se definen las principales características gráficas y visuales, como la tipografía, márgenes y colores, al estilo visual del producto mediante "hojas de estilo CSS".

**Definiciones realizadas para un manual de estilo, que pueden ser perfectamente
trasladadas a la hoja de estilos CSS de un producto editorial multimedia *online***

Centro	Departamentos	Texto destacado
Naranja #EC6409	Verde #99CE00	Arial 14 px bold color #EC6409
R: 236 G: 100 B: 9	R: 153 G: 206 B: 0	Texto destacado
		Arial 11 px normal color #636363

Pero, ¿qué elementos y definiciones del manual de estilo pueden adaptarse a las hojas de estilo CSS? En realidad, prácticamente todos. Incluso con las hojas de estilo CSS es posible añadir aspectos funcionales e interactivos —el hipertexto, por ejemplo— que históricamente no han formado parte de los manuales de estilo de empresas y organizaciones. Los principales elementos que pueden ser definidos mediante estilos CSS son:

■ Apariencia de la página o pantalla:

▮ Márgenes: son la separación entre el contenido y los bordes externos de la página, celda o capa. Se pueden definir independientemente cada uno de los cuatro márgenes: superior, inferior, izquierdo y derecho, o todos a la vez mediante "margin". Ejemplo:

```
margin-top: 10px; margin-left: 30px; margin: 10px
```

▮ Color de fondo: es el color de la zona de fondo de una página, tabla, fila, columna, celda o capa. Ejemplo:

```
background-color: AliceBlue; background-color: #F0F8FF
```

▮ Imagen de fondo: se puede establecer una imagen en el fondo de la página y todos los demás elementos estarán por encima. También como fondo de tablas, filas, columnas, celdas o capas. Se puede controlar la repetición en mosaico de las imágenes. Ejemplo:

```
background-image: url(imagenes/escudo.jpg)
```

■ Tipografía, apariencia de los textos, alineaciones, como:

▮ Fuente: es el tipo de letra que se desea utilizar. Pueden especificarse varias para cubrir la ausencia de alguna de ellas en el ordenador cliente. Ejemplo:

```
font-family: Verdana, Arial, Helvetica
```

▮ Tamaño. Es el tamaño de los caracteres. Ejemplo:

```
font-size: 12px
```

▮ Estilos. Las variaciones como cursiva, subrayado o negrita sobre los caracteres. Ejemplo:

```
font-style:Italic;text-decoration:underline; font-weight:bold
```

▮ Color. El color de los caracteres. Ejemplo:

```
color: #009900
```

▮ Espaciado vertical. Es la distancia entre las líneas de texto. Ejemplo:

```
line-height: 20px
```

▮ Alineación general y alineación del texto: establece una determinada alineación para los contenidos de un objeto y el texto, respectivamente. Ejemplo:

```
Align: Left; text-align: center
```

■ Navegación e interacción:

▮ La navegación puede definirse, usando el formato "a.nombre_del_estilo {estilos...}" para los enlaces, "a.nombre_del_estilo:hover {estilos...}" para el estilo que se muestre cuando el usuario sitúa el puntero del ratón en el enlace. Ejemplo:

```
a.enlace1 {color:#FFFFFF; font-weight:bold; text-
decoration:none;}
a.enlace1:hover {color:#FFCC00; font-weight:bold;
       text-decoration:underline;}.
```

Para usar estos estilos se usa la etiqueta "class" en un vínculo:

```
<a href="index.html" class="enlace1">ir a inicio</a>
```

Recuerde

Las características de estilo pueden definirse en un solo documento CSS y aplicarse a una jerarquía de páginas HTML, adjuntando a cada documento HTML el archivo CSS que contiene dicha información. Esto se hace con la etiqueta "<link>" en la cabecera de la página de cada documento HTML:

```
<link href="estilos.css" rel="stylesheet" type="text/css">
```

Aplicación práctica

Para la realización de un producto multimedia *online* se necesita adaptar ciertos aspectos del manual de estilo a estilos CSS. En la siguiente imagen se muestran los colores que se deben usar, incluidos el color de fondo de la página y el color del texto. Hay que utilizar la fuente Helvética en estilo normal y en negrita *(bold)* y su tamaño puede ser de 12 y 24 píxeles respectivamente.

Continúa en página siguiente >>

<< Viene de página anterior

Color	Tipografía

Color

Color 1: #e41319

Color 2: #495e6f

Color fondo página: #edf4f4

Color texto: #565656

Los enlaces se muestran en negrita y se subrayan al situal el ratón sobre ellos.

Tipografía

ARIAL

ABCDEFGHIJKLMNÑOPQRSTU
abcdefghijklmnñopqrstuvwxyz
1234567890!@#~%&/()?

ARIAL (bold)

ABCDEFGHIJKLMNÑOPQRSTU
abcdefghijklmnñopqrstuvwxyz
1234567890!@#~%&/()?

Recuerde que para definir un estilo se usa la sintaxis:

```
.nombre_estilo {propiedad:valor;}
```

Escriba los códigos de estilo CSS que implementan las características del "Color 1", "Color 2", "Color de fondo de la página", "Color del texto", "Texto normal tamaño 12", "Texto normal tamaño 24", "Texto negrita tamaño 12", "Texto negrita tamaño 24" y "enlaces".

SOLUCIÓN

```
.color1 {color:#e41319;}
.color2 {color:#495e6f;}
.color_fondo {background-color:#edf4f4;}
.color_texto {color:#565656;}
.texto_normal12 {font-family: Helvetica; font-size:12px}
.texto_normal24 {font-family: Helvetica; font-size:24px}
.texto_negrita12 {font-family: Helvetica; font-size:12px; font-
weight:bold;}
.texto_negrita24 {font-family: Helvetica; font-size:24px; font-
weight:bold;}
a.enlace {font-family: Helvetica; font-weight:bold; text-
decoration:none;}
a.enlace:hover {font-family:Helvetica; font-weight:bold;
 text-decoration:underline;}
```

4.3. Seguimiento de la planificación de producción

Anteriormente, en el apartado Especificaciones técnicas del producto, se habló del uso de las tablas de control para especificar cómo se comporta la aplicación multimedia a lo largo de los distintos temas o pantallas. Esta idea debe ampliarse respecto al control de los requisitos funcionales, interactivos y operativos mediante las técnicas de diseño y refinado de prototipos.

En esta línea de trabajo es imprescindible gestionar el tiempo y los recursos técnicos y humanos, para lo cual pueden usarse cronogramas que temporicen los procesos, las personas y materiales implicados en ellos y su coste. Esto permite evitar determinados riesgos como el desaprovechamiento de los recursos, o el factor contrario, es decir, el uso intensivo y contraproducente de los mismos.

 Definición

Cronograma
Es una importante herramienta para la gestión de proyectos que se basa en la representación gráfica de la ocurrencia y/o planificación de determinados hechos, sucesos o trabajos a lo largo del tiempo.

Así, una vez especificados claramente los requisitos y objetivos del producto, se puede organizar el equipo de trabajo temporizando la realización de:

- El inventario del producto, que es la especificación de los contenidos que muestra cada página o pantalla y como se clasifican en los diversos objetos, como texto, imágenes, elementos de navegación, cabeceras, formularios, etc.
- El posicionamiento de los objetos en la pantalla y su agrupamiento cuando se consideran entidades funcionales similares como cabeceras, zonas de contenido, titulares, menús de navegación, pies de página, etc.
- Comportamiento funcional de los objetos y estilo de navegación.

La planificación de la producción y las cargas de trabajo, asignar recursos a las tareas y calcular los costes económicos o temporales, se lleva a cabo mediante herramientas *software* diseñadas para tal fin; una de la más conocida es *Microsoft Project.* Otras herramientas de igual propósito son las aplicaciones libres *Open Project / Project Libre, KPlato* (para *Linux,* incluida en *KOffice),* *Taskjuggler* —muy potente y también para *Linux*—, *DotProject* que es una aplicación web, *Planner, Gannt Project, Open Workbench,* etc.

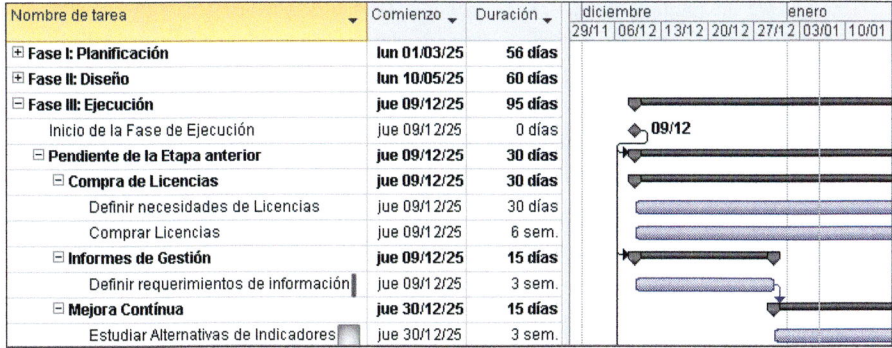

Nombre de tarea	Comienzo	Duración	diciembre					enero	
			29/11	06/12	13/12	20/12	27/12	03/01	10/01
⊞ Fase I: Planificación	lun 01/03/25	56 días							
⊞ Fase II: Diseño	lun 10/05/25	60 días							
⊟ Fase III: Ejecución	jue 09/12/25	95 días							
Inicio de la Fase de Ejecución	jue 09/12/25	0 días	◆ 09/12						
⊟ Pendiente de la Etapa anterior	jue 09/12/25	30 días							
⊟ Compra de Licencias	jue 09/12/25	30 días							
Definir necesidades de Licencias	jue 09/12/25	30 días							
Comprar Licencias	jue 09/12/25	6 sem.							
⊟ Informes de Gestión	jue 09/12/25	15 días							
Definir requerimientos de información	jue 09/12/25	3 sem.							
⊟ Mejora Contínua	jue 30/12/25	15 días							
Estudiar Alternativas de Indicadores	jue 30/12/25	3 sem.							

Detalle de una zona del entorno de trabajo de Microsoft Project donde se planifican una serie de tareas en el tiempo.

Actividades

9. ¿Para qué sirve la herramienta Axure?
10. ¿Pueden validarse formularios mediante lenguajes de marcado como HTML? Explique brevemente la solución.

4.4. Accesibilidad WWAI- W3C

El consorcio W3C enfoca la accesibilidad como el conjunto de características que hacen posible el uso de los productos multimedia *online* por todas las personas, incluidas las que tienen algún tipo de discapacidad, las que han sufrido una merma en sus facultades y habilidades —a consecuencia de la edad, por ejemplo— o incluso las que tienen problemas para acceder o usar la aplicación (lentitud en la conexión, por ejemplo).

 Definición

W3C

Liderado por Tim Berners-Lee, director y creador de la *World Wide Web* y por Jean-François Abramatic, como Presidente, el W3C —siglas traducidas como Consorcio para la World Wide Web— se fundó en octubre de 1994 para guiar a la WWW hacia su mejor desarrollo funcional y operacional. El W3C está integrado por distintas empresas, entidades y organizaciones, sin ánimo de lucro, que cooperan a nivel internacional en el desarrollo de las especificaciones técnicas, formatos y aplicaciones relacionadas con la WWW.

 Sabía que...

Se estima que hay en el mundo unos 600 millones de personas con discapacidad, por lo que cuantos más productos, aplicaciones y páginas sean accesibles, más personas podrán utilizarlas, participando así de forma más activa en la sociedad. El diseño debe seguir unos requerimientos mínimos de accesibilidad que haga que los sitios y aplicaciones web puedan ser visitados por el mayor número de personas.

La WAI, siglas en inglés de Iniciativa para la Accesibilidad Web, es una división del consorcio W3C que tiene como objetivo desarrollar unas pautas, recomendaciones y técnicas que garanticen la accesibilidad en el mayor número de productos y contenidos, haciéndolas estándar a nivel internacional. Existen tres grados de accesibilidad nombrados como A, AA y AAA que corresponden con los niveles mínimos, ampliados y de máxima accesibilidad respectivamente (un nivel incorpora todos los requerimientos del nivel anterior).

Así, suponiendo una página multimedia donde se incluye una secuencia de audio, el grado de accesibilidad A se cumple si se presenta como alternativa la transcripción textual de dicha secuencia. En el caso de tener una secuencia de vídeo (con audio) para cumplir el nivel A se deben ofrecer los subtítulos de la misma junto con la transcripción textual o la audiodescripción. En este caso, para obtener la clasificación AA sería de obligado cumplimiento ofrecer la audiodescripción de la secuencia de vídeo. El nivel AAA se obtendría añadiendo a lo anterior el mismo contenido traducido a lengua de signos y una audiodescripción ampliada.

 Nota

Se entiende por transcripción textual toda aquella descripción de secuencias visuales o auditivas mediante texto. La audiodescripción es, por otro lado, una narración complementaria ofrecida en formato de audio sobre imágenes o secuencias de vídeo que ayudan a entender de manera completa dicho objeto visual.

Además de estos grados de accesibilidad, existen las llamadas Pautas de Accesibilidad al Contenido en la Web o WCAG. Son el conjunto de normas que detallan la forma de hacer accesible un documento web, que presenta una información en forma de textos, imágenes, vídeos, sonidos, formularios, etc. Otras pautas de accesibilidad son UAAG para los navegadores y reproductores por ejemplo, y ATAG para las herramientas de autor.

Para la correcta implementación en la web de estas normas y pautas, se usan técnicas basadas en la separación clara del contenido respecto a la forma o la apariencia estética y en la estructuración lógica de los documentos. Además, en muchos casos es necesario añadir contenidos adicionales como las audiodescripciones o los subtítulos. Se aconseja usar con moderación las más nuevas tecnologías (AJAX) o aquellas más relacionadas con el efectismo visual *(Flash),* pues posiblemente muchos usuarios no puedan acceder a ellas y en el caso de usarse ofrecer siempre una alternativa 100 % accesible.

Nota

El uso de los estilos CSS mejora en gran medida la accesibilidad a los documentos y hace innecesaria la maquetación con tablas. Al separar el estilo del contenido, el código HTML es mucho más fácil de leer, lo cual es también una ventaja en relación al posicionamiento de las páginas en los buscadores. Existen documentos como "Plan de implementación de Accesibilidad Web" y "Pautas de Accesibilidad al Contenido en la Web" que ofrecen una gran ayuda a los desarrolladores para incluir la accesibilidad en un producto web multimedia.

Existen empresas y entidades que evalúan, validan y certifican en accesibilidad. Una vez realizado este proceso, se puede informar en la propia web del producto, que cumple con un determinado nivel y/o pautas. Esto suele hacerse insertando en el pie de página los logotipos oficiales de validación del W3C, los cuales deben estar enlazados con la validación de la página en el revisor automático del W3C, junto con el logotipo de la entidad certificadora o del validador automático que ha verificado el nivel de adecuación.

Los validadores automáticos de accesibilidad más utilizados en España son TAW (Test Accesibilidad Web) y HERA. No obstante, ninguna herramienta en sí misma puede determinar si un sitio cumple o no las pautas de accesibilidad. Para determinar si un sitio web es accesible, es necesaria la evaluación humana. La modificación de sitios web inaccesibles puede requerir un gran esfuerzo, sobre todo aquellos que no se "etiquetaron" correctamente con etiquetas estándares de XHTML, y sitios con cierto tipo de contenido, como multimedia.

De izquierda a derecha, muestra de los iconos oficiales que representan en una web la correcta utilización de los estilos CSS, que el contenido se ajusta a la norma WCAG 1.0 a nivel AAA, el correcto uso del lenguaje XHTML 1.0, y el icono del validador TAW.

4.5. Usabilidad

El concepto de usabilidad, que proviene del inglés *usability* o "facilidad de uso", está directamente relacionado con la facilidad con la que los usuarios utilizan los productos publicados en ella y consiguen eficazmente y de manera sencilla, determinados objetivos. Hay ciertas condiciones básicas que debe cumplir una web para considerarse usable:

- La web debe ser lo más rápida posible: los usuarios no deben esperar más de 4 segundos para acceder a la interfaz completa de la página o pantalla.
- La navegación debe ser sencilla, uniforme, con enlaces claros y menús que no cambien de sitio.
- La aplicación ha de estar bien indexada por los principales motores de búsqueda.
- El producto debe ser compatible con la mayoría de los navegadores. Hay un conjunto de etiquetas HTML que son compatibles con todos los navegadores, aunque esto pueda perjudicar el diseño visual.
- El producto debe estar siempre actualizado. Acceder a noticias antiguas, enlaces no disponibles o páginas "en construcción" frustran a los usuarios y da muy mala imagen.

Representación visual de las características
más importantes de usabilidad en un producto

 **Definición**

Usabilidad
Según la Norma ISO/IEC 9126, la usabilidad se refiere a la capacidad de un *software* de ser comprendido, aprendido, usado y ser atractivo para el usuario, en condiciones específicas de uso; para la Norma ISO/IEC 9241, usabilidad es la eficacia, eficiencia y satisfacción con la que un producto permite alcanzar objetivos específicos a usuarios específicos en un contexto de uso específico.

El nivel de usabilidad de un producto se obtiene mediante pruebas, en las que se miden la claridad y el diseño eficiente, entre otras cosas. Existen programas como *NavFlow* mediante los que se puede evaluar el diseño del producto y generar un completo informe. Aplicaciones como *ClickDensity* se basan en los mapas de calor, es decir, por dónde se mueven y hacen clic los usuarios, al igual que *ClickHeat*. Es similar a una pantalla de grabación del comportamiento de los usuarios, que es otra técnica usada por algunas aplicaciones.

Para comprobar la usabilidad en los dispositivos móviles existen simuladores que muestran cómo se ve y utiliza la aplicación en un determinado dispositivo. Un ejemplo es el programa *ProtoFluid*. Destaca también el programa *UserPlus*. Las ventajas de la usabilidad y de la metodología de trabajo basada en ella, son:

- La usabilidad permite mayor rapidez en la realización de las tareas y reduce las pérdidas de tiempo. Se optimizan los costes de diseño, publicación y actualizaciones al emplear una metodología clara, basada en la experiencia positiva del usuario.
- Se reducen los costes en aprender a utilizar el producto por parte de los usuarios, lo cual implica directamente que se reducen también los costes de asistencia técnica a los mismos.
- Se reduce el número de errores al diseñar y posteriormente emplear el producto. Esto mejora su uso, aumenta la productividad y la satisfacción de los usuarios. En productos editoriales multimedia asociados a una marca o empresa beneficia en la opinión e imagen que se tenga sobre ella.

■ El uso de los estilos CSS descritos anteriormente se relaciona con la usabilidad, ya que permiten que las páginas se carguen más rápido, al liberar a los documentos HTML de una gran cantidad de códigos de estilos repetidos.

 Aplicación práctica

Un conocido pintor contacta con nuestra empresa para formalizar el proceso de publicación en internet de una página web hecha por él mismo en la que expone su obra a través de fotografías y texto. En la primera cita, nos enseña su página y lo primero que llama la atención es que se trata de un producto poco profesional. Ha sido realizado mediante *Microsoft Powerpoint* y están todos los archivos en una misma carpeta, sin ningún tipo de organización. La estética de la página es pobre y anticuada. No usa hojas de estilo y en el primer navegador que se prueba da fallos.

¿Cuáles serían los argumentos que le podemos transmitir, para que confíe en nosotros y nos encargue el trabajo de publicar la web de manera profesional? Él desea además que se le explique cómo sería el proceso de publicación web en caso de encargarnos el trabajo.

SOLUCIÓN

Al cliente le transmitimos que somos una empresa profesional que sigue una metodología de trabajo basada en la realización de prototipos que aseguren la correcta funcionalidad del producto desarrollado y que cumplan con las especificaciones que él establezca, o que surjan de nuestro asesoramiento respecto a criterios de usabilidad y accesibilidad. Añadimos que utilizamos lenguajes de programación y herramientas *software* profesionales, lo que permite mejorar considerablemente el aspecto visual, multimedia e interactivo del producto.

Por otro lado, se le explica a esta persona que para publicar el producto web multimedia ha de contratarse un dominio y un alojamiento. En función del presupuesto que se tenga, se elige una empresa que cumpla las mejores condiciones y se contacta con ella para formalizar un contrato. Una vez contratado el *hosting,* usamos los datos de acceso al servidor web y subimos los archivos del sitio mediante FTP. Explicamos que la web se "monta" en el ordenador local, de manera organizada y siguiendo las especificaciones del cliente. Una vez que está terminada y aceptada por él se sube a internet, comprobando que el producto web conserva todo su aspecto y funcionalidad.

4.6. Normas UNE-ISO

Las normas son documentos que contienen especificaciones técnicas que se basan en las experiencias y resultados tecnológicos obtenidos durante años, para ofrecer una mejora de la actividad y de los procesos. Una vez que han sido concensuadas por las distintas empresas y organizaciones que intervienen en su desarrollo, deben ser aprobadas por los Organismos de Normalización reconocidos, que son principalmente:

- ISO o la Organización Internacional de Normalización, que se encarga de elaborar la gran mayoría de normas a nivel mundial, incluido todo lo referente a la tecnología de la información, junto con IEC.
- IEC o Comisión Electrotécnica Internacional, que se responsabiliza de elaborar la normativa internacional sobre electrónica y electrotecnia.
- CEN o Comité Europeo de Normalización.

 Sabía que...

Actualmente hay casi 20.000 normas ISO. De manera muy resumida, algunas de estas normas son la ISO 1 que establece la temperatura de medición de los objetos, la ISO 4 que normaliza las abreviaturas, la ISO 16 que establece el diapasón musical, la ISO 31 que normaliza las magnitudes y unidades, la ISO 68 que clasifica las roscas o la ISO 216 que regula las medidas de papel.

En España, AENOR es la entidad acreditada para la normalización, siendo además miembro de los más importantes organismos internacionales —es considerada una de las 10 certificadoras más importantes del mundo—. Sus trabajos pueden derivar en normas españolas denominadas UNE, normas españolas bajo estándares europeos denominadas UNE-EN y UNE-EN-ISO para las normas españolas bajo estándares europeos e internacionales.

A nivel internacional, una de las normas más importantes es la ISO 9000, que es un amplio compendio de normas sobre calidad y gestión de calidad, aplicables a cualquier organización o actividad que se oriente a producir bienes o servicios. ISO 9126 se centra en evaluar la calidad del *software* en cuanto a funcionalidad, confiabilidad, usabilidad, eficiencia, mantenimiento y portabilidad. Las Normas ISO/IEC 9126 y 9241 recogen especificaciones de usabilidad para productos editoriales multimedia.

En España, la Norma UNE 157801:2007 es una de las más importantes, pues recopila una serie de criterios generales para elaborar productos relacionados con los sistemas de información. Dentro de la web de AENOR existen los grupos TIC_GEST-01 y TIC_SOFT-02 que recopilan un conjunto de normas relacionadas con las tecnologías de la información, rama de "Gestión" y *"Software"* respectivamente.

De izquierda a derecha, muestra de los logotipos relacionados con la
Norma ISO 9000 y las marcas de certificación y registro de AENOR

ISO/IEC 27000 es un extenso conjunto de estándares desarrollados por ISO e IEC que ofrecen las pautas para gestionar la seguridad de los sistemas de información de empresas y organizaciones.

Respecto a las normas de accesibilidad en la web, en España se usa la norma UNE 139803:2012 alineada con con las WCAG 2.0 del Consorcio de la Web (W3C), que establece el marco de acceso a los sistemas de información en los niveles A, AA y AAA. Así, para el acceso a los sistemas de información de la administración pública a través de internet, se establece un nivel mínimo de accesibilidad de grado AA sobre esta norma.

Las Normas UNE-EN 9241 y UNE-EN-ISO 9241 se refieren a los requisitos de ergonomía para trabajos de oficina con pantallas de visualización de datos.

Otras normas que interesa conocer en el proceso de desarrollo de productos editoriales multimedia para la web y dispositivos móviles son:

- ISO/IEC 11172   MPEG-1.
- ISO/IEC 13818   MPEG-2.
- ISO/IEC 14496   MPEG-4.
- ISO 32000   Formato de Documento Portátil (.pdf).
- ISO/IEC 26300   Open Document Format (.odf).
- ISO/IEC 15444   JPEG 2000.
- ISO/IEC 15489   Gestión de Documentos.
- ISO/IEC 33000   Mejora y evaluación del desarrollo de *software*.
- ISO 10646   Conjunto de Caracteres Universal – UCS.

4.7. Normativa legal en el uso de bases de datos (LOPD)

La protección de los datos personales es un derecho fundamental de todas las personas y está recogido en el artículo 18 de la Constitución Española:

La Ley limitará el uso de la informática para garantizar el honor y la intimidad personal y familiar de los ciudadanos y el pleno ejercicio de sus derechos.

La Ley Orgánica 3/2018, de 5 de diciembre, de Protección de Datos y Garantía de los Derechos Digitales (LOPDGDD). La LOPDGDD adapta la normativa española a la normativa europea, en particular al Reglamento General de Protección de Datos (RGPD) de la Unión Europea, que entró en vigor el 25 de mayo de 2018. La LOPDGDD amplía y adapta el RGPD a la legislación española, estableciendo disposiciones específicas y derechos adicionales en el contexto español.

Contexto y Ámbito de Aplicación

Su objetivo es proteger los derechos y libertades de las personas físicas en relación con el tratamiento de sus datos personales y garantizar el cumplimiento de la normativa europea. Esta ley se aplica a cualquier entidad que trate datos personales en España, ya sea una persona física, una empresa, una administración pública o cualquier otra organización.

Características Principales

Derechos de las Personas

- Derecho a la Información: los responsables del tratamiento deben proporcionar información clara y accesible sobre el tratamiento de datos.
- Derecho de Acceso: las personas pueden acceder a sus datos personales y obtener copia de ellos.
- Derecho de Rectificación: permite a los individuos corregir datos personales inexactos o incompletos.
- Derecho de Supresión (Derecho al Olvido): permite solicitar la eliminación de datos personales cuando ya no sean necesarios.
- Derecho a la Limitación del Tratamiento: los datos pueden ser procesados de manera limitada en ciertos casos, como durante la impugnación de la exactitud de los datos.
- Derecho a la Portabilidad de los Datos: permite recibir los datos personales en un formato estructurado y común para transmitirlos a otro responsable del tratamiento.
- Derecho de Oposición: permite oponerse al tratamiento de datos en determinadas circunstancias.

Protección de Datos en el Ámbito Digital

- Derecho a la Protección de Datos: introduce garantías específicas para los datos personales en el entorno digital, como el derecho a la desconexión digital para trabajadores y el derecho a la seguridad en el uso de dispositivos digitales.

■ Consentimiento para el Tratamiento de Datos de Menores: requiere el consentimiento de los padres o tutores para el tratamiento de datos personales de menores de 14 años.

Tratamientos Especiales

■ Datos Sensibles: se establecen reglas estrictas para el tratamiento de datos sensibles, como los datos relativos a la salud, la orientación sexual, o las creencias religiosas.
■ Tratamiento de Datos en el Ámbito de la Seguridad Nacional: se establecen excepciones para el tratamiento de datos en contextos relacionados con la seguridad nacional.

Obligaciones para los Responsables del Tratamiento

■ Evaluación de Impacto: se exige realizar una evaluación de impacto sobre la protección de datos para operaciones de tratamiento que puedan presentar un alto riesgo para los derechos y libertades de las personas.
■ Notificación de Brechas de Seguridad: Los responsables del tratamiento deben notificar a la Agencia Española de Protección de Datos (AEPD) y a los afectados sobre las brechas de seguridad en un plazo máximo de 72 horas.

Autoridad de Control

■ La AEPD es el organismo encargado de supervisar y hacer cumplir la LOPDGDD. Tiene la capacidad de imponer sanciones, investigar denuncias y proporcionar orientación sobre la protección de datos.

Derechos Digitales

■ Derecho a la Intimidad: se protege la privacidad en el uso de dispositivos electrónicos y en las comunicaciones digitales.
■ Derecho al Olvido en Internet: Establece mecanismos para solicitar la eliminación de información personal de los motores de búsqueda y otros servicios en línea.

La LOPDGDD representa un esfuerzo significativo para proteger la privacidad y los derechos digitales en España, alineando la legislación nacional con el RGPD y estableciendo medidas específicas para abordar los desafíos modernos en la protección de datos personales. Esta ley no solo refuerza los derechos individuales, sino que también establece un marco claro para el tratamiento de datos personales en el contexto digital y para la aplicación de normas de seguridad y privacidad en el ámbito empresarial y administrativo.

4.8. Normativas específicas (corporativas, industriales, etc.)

Salvo normativas concretas de la empresa u organización cliente o creadora del producto editorial multimedia que tengan que aparecer de forma explícita en la aplicación, o formar parte de algún modo en ella —incluido el proceso de desarrollo—, queda por destacar las directrices generales en el ámbito de la seguridad, salud y protección ambiental. Este tipo de trabajo está directamente relacionado con el uso de equipos informáticos y funciones que habitualmente se realizan en una oficina.

 Nota

En la web del Instituto Nacional de Seguridad e Higiene en el Trabajo, se dice textualmente:

"La normativa específica actual respecto al trabajo con pantallas de visualización de datos (PVD) es resultado de la transposición de la Directiva 90/270/CEE en el Real Decreto 488/1997, de 23 de abril, sobre disposiciones mínimas de seguridad y salud relativas al trabajo con equipos que incluyen pantallas de visualización".

Los aspectos claves en la seguridad son aquellos relacionados con el uso inapropiado de ordenadores, periféricos y herramientas como destornilladores, alicates, etc. Así pues en un alto porcentaje, los riesgos mayores son por accidentes eléctricos —que pueden ser mortales en el peor de los casos— y cortes producidos por el papel o elementos afilados del *hardware* informático. Otros riesgos se derivan del trabajo en oficina como las caídas en escaleras, tropiezos con cajones o cables, las caídas de objetos o la manipulación de cargas pesadas.

La exposición prolongada a ciertas situaciones y condiciones de trabajo puede acarrear riesgos para la salud más serios incluso. Los más importantes son:

- Lesiones en espalda, hombros o cuello, producidas por una mala postura al estar sentado. En el caso de estar mucho tiempo de pie, problemas de agotamiento y varices en piernas.
- Fatiga visual por el uso inadecuado de pantallas de visualización, ya sea por la emisión de radiaciones electromagnéticas o por una ergonomía incorrecta. Lesiones en la vista como consecuencia de lo anterior o de una mala iluminación.
- Problemas y enfermedades relacionados con el mal uso del sistema de climatización.
- Otros problemas: contagio de infecciones por contacto con las personas, trastornos relacionados con la sobrecarga de tareas a realizar, estrés, horarios, público en el lugar de trabajo, etc.

 Nota

En encuestas realizadas, más del 90 % de los empleados afirman tener malas condiciones ergonómicas en sus puestos de trabajo, siendo los principales problemas el uso de sillas y mesas de trabajo inadecuadas, mala ubicación de los equipos informáticos y permanecer en posturas incorrectas mucho tiempo.

 Definición

Ergonomía
Estudio de datos biológicos y tecnológicos aplicados a problemas de mutua adaptación entre el hombre y la máquina.

Para evitar estos problemas hay numerosas recomendaciones, entre las que se pueden destacar:

- Diseñar y organizar correctamente las instalaciones del lugar de trabajo, así como las condiciones ambientales, lumínicas y acústicas.
- Seleccionar de manera adecuada el equipamiento de sillas, mesas y del resto del mobiliario de forma que cumpla con unas características mínimas en cuanto a ergonomía y seguridad.
- Adquirir el material informático, dispositivos periféricos y complementarios que mejor se adaptan a las condiciones de trabajo. Evitar componentes obsoletos, que seguramente ofrecerán peor funcionamiento, más ruido y serán más lentos. Sustituir los monitores CRT convencionales por pantallas planas LED que emiten menos radiación.

Imagen que, aunque muestra un tipo de silla y de mesa ergonómicas, así como material informático moderno, representa a la izquierda malos hábitos posturales, mientras que a la derecha se ejemplifica la opción correcta

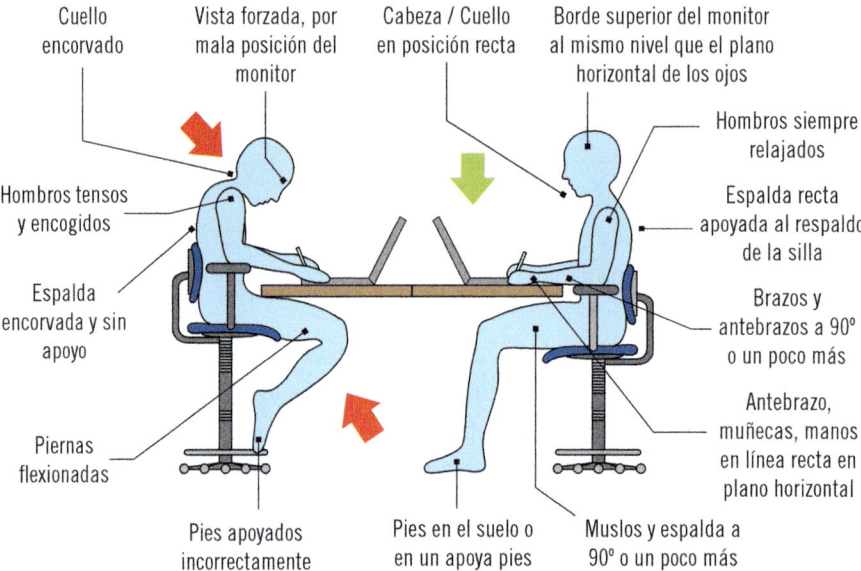

Cuello encorvado

Vista forzada, por mala posición del monitor

Cabeza / Cuello en posición recta

Borde superior del monitor al mismo nivel que el plano horizontal de los ojos

Hombros siempre relajados

Hombros tensos y encogidos

Espalda recta apoyada al respaldo de la silla

Espalda encorvada y sin apoyo

Brazos y antebrazos a 90º o un poco más

Antebrazo, muñecas, manos en línea recta en plano horizontal

Piernas flexionadas

Pies apoyados incorrectamente

Pies en el suelo o en un apoya pies

Muslos y espalda a 90º o un poco más

- Organizar los procesos de trabajo de manera eficiente, evitando el estrés, la desmotivación o cualquier otro problema de carácter laboral.
- Incidir en la formación del equipo de trabajo. Los empleados deben conocer los aspectos relacionados con este tema, ya que de nada servirá que tengan las mejores sillas o pantallas si luego no adoptan las posturas adecuadas o no cambian hábitos negativos.

Para saber más

En el siguiente enlace se desarrollan aspectos técnicos más concretos relacionados con la seguridad y la salud en el trabajo con equipos informáticos y en oficinas:

https://redirectoronline.com/uf15870101

Respecto a la protección ambiental en los procesos de desarrollo de productos editoriales multimedia *online* y para móviles, se aconseja:

- Usar la luz solar el mayor tiempo posible (sin perjuicio de la salud y de la ergonomía) y utilizar en su defecto lámparas de bajo consumo, depositándolas en contenedores apropiados para el reciclaje una vez acabada su vida útil.
- Emplear todos los medios electrónicos de intercambio de información que sean posible, como los documentos PDF, evitando así el uso innecesario del papel.
- Utilizar papel reciclado, minimizando su uso mediante otras alternativas como tabletas, pizarras electrónicas, etc., así como papel desechado de otros procesos para impresiones en borrador.
- Imprimir mediante la función "eco" siempre que se pueda, para ahorrar así tinta o tóner, limitando el negativo impacto de los cartuchos.
- Reciclar todo el material informático restante que sea posible como pilas, plásticos, envases, cajas, etc.
- Para el contacto con los clientes, principalmente en temas de soporte técnico, utilizar en lo posible los medios de interacción y comunicación a distancia como el teléfono, la videoconferencia, el mailing o incluso

el acceso remoto. Así se evitan desplazamientos en los que se consume gasolina y otros recursos.

4.9. Documentación técnica

La documentación técnica relacionada con un producto multimedia *online* puede referirse principalmente a:

a. La formalización escrita del proceso de desarrollo desde las etapas iniciales de diseño hasta la publicación del mismo en un servidor web. Una de las técnicas sencillas, efectivas y más usadas es insertar comentarios que expliquen el código usado en el producto.

b. El manual de utilización y ayuda del producto para los usuarios. Es posible que este manual tenga que traducirse a otros idiomas.

c. Los detalles técnicos respecto a los requisitos *software* y *hardware* para el correcto funcionamiento del producto.

d. La documentación alojada en el servidor, en cualquier tipo de formato —PDF, por ejemplo— a la que se puede acceder mediante enlaces programados en HTML. Estos enlaces pueden ser públicos, es decir, para todos los usuarios, o estar reservados a los usuarios registrados.

 Actividades

11. ¿Qué es una WCAG?
12. ¿Qué normas se refieren a los requisitos de ergonomía para trabajos de oficina con pantallas de visualización de datos?

Aplicación práctica

Sin entrar en detalles técnicos, comente de manera general los principales problemas relacionados con la seguridad y la salud en el trabajo en la oficina que muestra la siguiente imagen.

SOLUCIÓN

La imagen muestra una oficina en la que destacan los siguientes problemas:

I Riesgo de caídas y otros accidentes por una organización inadecuada del espacio de trabajo.
I Riesgo de accidentes eléctricos y caídas por la ubicación no adecuada de los enchufes.
I Riesgo de lesiones en espalda, hombros o cuello, producidas por malas posturas y por el uso de sillas y mesas no ergonómicas.
I Riesgo de padecer problemas visuales al usar monitores CRT antiguos, que emiten más radiación.
I Mala ubicación de los equipos informáticos.
I Riesgo de estrés y desmotivación por el ambiente ruidoso y desorganizado. Estrés por la presencia de público en el lugar de trabajo. Ruido producido por dispositivos informáticos obsoletos, como son las impresoras matriciales.

5. Resumen

Hoy en día no es suficiente con hacer una página web multimedia visualmente atractiva. Cada vez es más importante cumplir con unos requisitos mínimos de usabilidad y accesibilidad, con el fin de hacer su uso lo más sencillo posible al número más amplio de personas. Hay toda una normativa estandarizada a nivel internacional que marca las pautas que se deben seguir en este sentido, así como la necesidad de proteger los datos de carácter personal cuando estos son requeridos por la aplicación y preservar los aspectos medioambientales, de seguridad y de salud en estos trabajos.

El proceso de creación y publicación de un producto editorial multimedia en formato web y para dispositivos móviles debe estar sujeto por tanto, al empleo de una sólida metodología de trabajo. A partir de las especificaciones iniciales dadas por el cliente y/o por el equipo de desarrollo, es aconsejable desarrollar prototipos, mediante los que se vayan resolviendo los aspectos funcionales del producto y la organización de la información, principalmente, aun sin dejar de lado los detalles estéticos del mismo.

Los aspectos estéticos deben separarse de la información, es decir, del contenido. Los documentos de estilo CSS pueden crearse o adaptarse a partir del manual de estilo o de identidad corporativa, haciendo posible la aplicación de elementos visuales e interactivos de manera óptima y coherente.

El producto, una vez finalizado, se publica en internet copiando la estructura de carpetas y ficheros que lo componen al servidor web contratado, mediante transferencia FTP. Se trata de un mecanismo seguro que se realiza mediante una herramienta *software* llamada "cliente FTP", que sirve para conectar con el servidor web de manera segura y realizar las operaciones de mantenimiento más importantes en el directorio remoto.

Ejercicios de repaso y autoevaluación

1. Cuando un usuario solicita la carga de una página web, como puede ser <http://www.castillosmedievales.com>, el servidor web puede que ejecute por defecto el archivo...

    a. ... "inicio.html".
    b. ... "default.css".
    c. ... "castillosmedievales.com".
    d. ... "index.html".

2. ¿A qué lenguaje pertenece y qué hace la siguiente línea de código?

```
<img src="imagenes/banner01.jpg" width="620" height="90">
```

_____
_____
_____
_____

3. El concepto de evolucionar un prototipo o producto básico mediante iteraciones, a través de la "experiencia de usuario", se identifica con las siglas...

    a. ... UML.
    b. ... UCE.
    c. ... UX.
    d. ... USB.

4. Explique qué es un prototipo de tipo _Sketch_.

_____
_____
_____
_____

5. **Complete los espacios vacíos con las palabras adecuadas.**

Para alojar el producto multimedia en un _____ _____ se debe realizar una copia o transferencia de los archivos, desde el _____ _____ donde se ha desarrollado, al _____. Esto puede hacerse con cualquier programa informático que permita _____ ambos equipos mediante protocolo _____ (siglas de "_____ _____ Protocol" o "protocolo de transferencia de archivos").

6. **Busque en la siguiente tabla herramientas *software* relacionadas con el diseño y la publicación web.**

S	V	T	U	O	T	F	S	F	E	M	H
Z	I	R	H	E	F	I	V	S	K	F	P
L	S	V	N	L	D	L	S	A	E	K	Y
D	U	E	J	E	K	Y	L	L	E	R	T
G	A	R	D	M	G	Z	J	E	J	C	H
T	L	C	A	E	S	I	F	G	H	I	O
I	S	A	D	N	P	H	T	S	H	O	N
S	T	E	X	T	V	L	S	Z	K	P	C
E	U	F	J	O	O	M	L	A	C	J	F
G	D	X	S	R	I	S	M	M	A	T	E
X	I	S	E	Q	A	H	J	S	E	A	H
A	O	A	T	E	B	G	I	T	H	U	B

7. **Relacione los conceptos con sus respectivos nombres.**

   a. Conjunto de características que hacen posible el uso de los productos multimedia *online* por todas las personas.
   b. Garantía de protección al derecho a la intimidad y la privacidad, en lo que concierne al tratamiento de los datos personales.
   c. Requisitos de ergonomía para trabajos de oficina con pantallas de visualización de datos.
   d. Facilidad con la que los usuarios utilizan un producto y consiguen, eficazmente y de manera sencilla, determinados objetivos.

   __ LOPD.
   __ Usabilidad.
   __ Normas UNE-EN 9241 y UNE-EN-ISO 9241.
   __ Accesibilidad.

8. **Los productos multimedia diseñados para su publicación en internet suelen programarse mediante los lenguajes...**

   _____
   _____
   _____
   _____

9. **Respecto a la publicación en un servidor web, determine si son correctos o incorrectos los siguientes datos de acceso:**

   a. Nombre de la sesión de FTP: "http://www.castillosmedievales.com".

      ☐ Verdadero
      ☐ Falso

   b. Servicio de FTP: "Usuario: JCarlosEspinosa; Contraseña:OUa_89FQI9".

      ☐ Verdadero
      ☐ Falso

c. Directorio remoto: "C:\Documents and Settings\Administrador\Servidor".

☐ Verdadero
☐ Falso

10. ¿Qué hace el siguiente código CSS?

```
vinculo1 {color:white; font-weight:bold; text-decoration:none;}
vinculo1:hover {color:yellow; font-weight:bold; text-
decoration:underline;}
```

11. Ofrezca para los siguientes problemas o situaciones su solución correspondiente, en el ámbito de seguridad, salud y buenas prácticas medioambientales.

Problema / Situación	Solución
Ir a visitar a un cliente en coche para entregarle una documentación.	
Imprimir 300 hojas del borrador de un proyecto con el fin de corregir posibles errores.	
Lesiones en espalda, hombros o cuello, producidas por una mala postura al estar sentado.	
Fatiga visual provocada por estar muchas horas "delante del ordenador" y usar monitores antiguos.	

12. ¿Qué es la ISO 9000?

13. Determine si las siguientes oraciones sobre la publicación de contenidos multimedia mediante las herramientas de autor como *Premier, Adobe Photshop* y *Adobe
InDesign* son verdaderas o falsas.

    a. *Adobe Premier* permite exportar archivos con formato de vídeo.

        ☐ Verdadero
        ☐ Falso

    b. *Adobe InDesign* permite editar directamente el HTML de una página web.

        ☐ Verdadero
        ☐ Falso

    c. *Adobe Photoshop* permite editar una fotografía y luego subirla al sitio web.

        ☐ Verdadero
        ☐ Falso

14. Complete los espacios vacíos con las palabras adecuadas.

Los lenguajes de _____ son lenguajes cuyo código, que suele estar almacenado
en un archivo de texto _____ o incrustado en el documento _____, es
ejecutado por un _____ en tiempo real, con el objetivo de resolver un determinado problema, funcionalidad o _____ con el usuario. Se dividen principalmente en lenguajes de guiones del lado del _____ y del lado del _____.

15. ¿Qué no es imprescindible para publicar un producto editorial multimedia en un
servidor web?

    a. Un servicio de alojamiento en dicho servidor.
    b. Una herramienta de autor como *Adobe Dreamweaver.*
    c. Un nombre de usuario y contraseña para conectarse al servidor por FTP.
    d. Un cliente FTP.

Capítulo 2

Publicación de productos editoriales multimedia en soporte físico digital

Contenido

1. Introducción

En la actualidad, las empresas del ámbito de la información y de las nuevas tecnologías continúan apostando por la publicación de productos multimedia en formatos físicos y digitales alternativos a internet. El clásico CD-ROM multimedia ha sido ampliamente reemplazado por tecnologías más avanzadas que permiten manejar enormes volúmenes de información, como los discos Blu-Ray Ultra HD y los nuevos discos holográficos, que pueden almacenar videos en ultra-alta definición y más allá.

En términos generales, estos soportes son capaces de transmitir cantidades masivas de datos a velocidades muy superiores en comparación con las conexiones de internet tradicionales, lo cual mejora directamente la calidad visual, sonora y funcional del contenido ofrecido. Además, no requieren que los dispositivos donde se utilicen estén conectados a la red, lo cual es una ventaja significativa en entornos sin conexión estable.

La principal dificultad hoy en día es la proliferación de formatos físicos y dispositivos diferentes, como los discos Blu-Ray Ultra HD, los discos duros internos y externos, las memorias USB de alta capacidad, y los dispositivos inteligentes como smartphones, televisores 8K y gafas de realidad virtual. Es esencial prestar atención a la compatibilidad entre estos dispositivos, ya que no todos soportan los mismos formatos. A pesar de los esfuerzos por estandarizar, muchas tecnologías siguen siendo incompatibles entre sí, lo que lleva a un desarrollo paralelo de nuevos estándares que compiten en el mercado para ofrecer la solución más eficiente y amigable para el usuario final.

2. Los soportes de la publicación editorial multimedia

Los soportes físicos digitales más utilizados en la publicación de productos multimedia, hoy en día, son los discos duros externos, los discos sólidos, los discos ópticos que aún siguen en carrera y las memorias USB o SD. A ellos se suman dispositivos móviles que también permiten la manipulación, traslado y transferencia de datos como es el caso de teléfonos *Smartphones, Tablets, IPads* o *E-books*. Sin embargo, hoy en día, la mayoría de los productos multimedia son tratados de forma *online* y son descargables desde una nube del tipo *DopBox*.

Así, es posible guardar las imágenes en formato JPEG con bajos niveles de compresión (alta calidad de imagen). Lo mismo se puede decir de los archivos de sonido o vídeo cuyos tamaños no deben ser tan estrictamente ajustados, en especial si se habla de los formatos HD-DVD y Blu-Ray caracterizados por ofrecer una alta calidad visual.

Es conveniente conocer las características de estos soportes para optimizar la publicación del producto, al formato o dispositivo que mejor se adapte. Se deben tomar en consideración factores como la capacidad de almacenamiento y velocidad de transmisión de los datos, la facilidad de uso, la popularidad del medio y la compatibilidad con otros formatos.

3. Fundamentos de la publicación editorial multimedia en soporte físico digital

Los soportes informáticos modernos más relacionados con la tecnología multimedia poseen tres elementos principales:

- El medio físico donde se almacena la información.
- El dispositivo electrónico que permite escribir y leer los datos en el medio físico.
- La interfaz de comunicación.

Respecto al primer punto, ya se han mencionado los soportes más utilizados hoy en día, a saber: los discos duros externos (HDD), las unidades externas de estado sólido (SSD), las unidades *flash* USB, los discos ópticos, como CD, DVD y Blu-rays y las tarjetas de memoria SD y microSD.

Respecto a las tecnologías de escritura y lectura, son aquellas que utilizan propiedades magnéticas como es el caso de un Disco Externo, ópticas como en el caso de un disco Blue-Ray y eléctricas como el caso de una unidad *flash* USB.

Las interfaces de comunicación son aquellas que conectan, por ejemplo, a dos dispositivos para obtener un resultado. El ejemplo más sencillo es el de los puertos USB que tienen los portátiles u ordenadores personales, los cuales se pueden vincular mediante un cable físico con un disco externo. USB significa *Universal Serial Bus* y son los conectores comunes para HDD, SSD y *pendrives.* Las últimas versiones USB 3.0 y USB 3.1, ofrecen velocidades de transferencia muy rápidas. Otro ejemplo es el cable Thunderbolt 4 Pro de Apple que permite conectar una *Mac, iPhone* o *iPad* con un puerto Thunderbolt 4, Thunderbolt 3 o USB-C a un monitor o un dispositivo externo como las memorias HDD y SSD. "eSATA" es una interfaz de bus de computadora diseñada para conectar adaptadores de bus de host a dispositivos de almacenamiento masivo, como unidades de disco duro externo con velocidades similares a un disco interno y unidades ópticas. Por último, las tecnolgías *wireless,* como el caso de las redes wifi que funcionan mediante la transmisión de ondas de radio en diversas frecuencias para brindar conectividad inalámbrica a redes y a internet a diversas velocidades y la tecnología inalámbrica de corto alcance, Bluetooth, que permite a dos dispositivos conectarse directamente sin la necesidad de una infraestructura de red de respaldo como un enrutador inalámbrico o un punto de acceso.

Conjunto de distintos tipos de memorias Flash, entre ellas algunas memorias USB o pendrive.

3.1. CD-ROM, DVD y disco duro interno

La obsolescencia del CD, CD-ROM, DVD y otros soportes físicos que han caído en desuso es un fenómeno que refleja la rápida evolución tecnológica.

En los años 90 y principios de los 2000, los CD y DVD eran los medios predominantes para almacenar y distribuir datos, música, películas y software. Los CD (Compact Disc) y CD-ROM *(Compact Disc Read-Only Memory)* ofrecían una capacidad de almacenamiento de hasta 700 MB, lo que era suficiente para programas informáticos, álbumes de música y archivos de datos personales. Posteriormente, los DVD *(Digital Versatile Disc)* ampliaron esta capacidad hasta 4.7 GB por capa, permitiendo el almacenamiento de películas completas en alta calidad y grandes volúmenes de datos.

Con el avance de la tecnología, como ya se ha explicado en capítulos precedentes, surgieron nuevos métodos de almacenamiento que ofrecían mayores capacidades, velocidades de transferencia más rápidas y mayor conveniencia.

El auge del internet y la aparición de los servicios de almacenamiento en la nube, son los que han marcado, verdaderamente, un punto de inflexión significativo. Plataformas como *Google Drive, Dropbox, OneDrive* e *iCloud* permitieron a los usuarios almacenar grandes cantidades de datos en servidores remotos, accesibles desde cualquier dispositivo con conexión a internet. Esta transición es la que eliminó rotundamente la necesidad de contar con soportes físicos, ya que los usuarios podían acceder a sus archivos en cualquier momento y lugar sin preocuparse por la degradación física o el espacio de almacenamiento limitado.

Por otro lado, la industria del entretenimiento y el *software* también se adaptó rápidamente a estos cambios. Netflix, Spotify y Amazon Prime Video transformaron la forma en que consumimos medios por *streaming,* eliminando la necesidad de discos físicos para música y películas. Del mismo modo, la distribución digital de *software* a través de plataformas como Steam, la *App Store* y *Google Play* redujo drásticamente la producción y venta de CD-ROMs y DVDs para programas y juegos.

Otro factor crucial en la obsolescencia de estos soportes ha sido la eliminación gradual de *hardware* compatible. Muchos fabricantes de ordenadores y portátiles han dejado de incluir unidades de CD/DVD en sus diseños para favorecer dispositivos más delgados y ligeros. Los reproductores de CD y DVD se han vuelto menos comunes en los hogares, reemplazados por dispositivos de *streaming* y almacenamiento digital.

A medida que la tecnología sigue avanzando, es probable que se vea una disminución aún mayor en el uso de soportes físicos. Las nuevas generaciones, acostumbradas a la inmediatez y accesibilidad de los medios digitales, probablemente vean a los CDs y DVDs como reliquias del pasado. Sin embargo, estos soportes físicos tendrán siempre un lugar en la historia de la tecnología como innovaciones que en su momento revolucionaron la manera en que se almacena y se comparte información.

Sabía que...

El CR-ROM, formato de almacenamiento de datos y música, fue lanzado en 1985 por Sony y Philips y tuvo en poco tiempo un enorme éxito comercial, debido principalmente a:

▌ Su bajo coste de producción.
▌ Su facilidad y comodidad de uso.
▌ Peso reducido, no más de 30 g.

El disco puede acompañarse de carátulas, libretos, etc.

Ejemplos de otros formatos de almacenamiento óptico son:

■ **Blu-Ray.** Blu-Ray es un formato de disco óptico, del mismo diámetro que el CD y el DVD, para almacenar datos y vídeo de alta definición y transferencia de datos (50MBytes/s). Es considerado sucesor del DVD y gran rival del IID-DVD.
Una capa de disco Blu-ray puede almacenar aproximadamente 25 GBytes o cerca de 6 horas de video de alta definición más audio, aunque esto puede duplicarse con los discos de doble capa. Tiene la gran ventaja de ser mucho más resistente a las ralladuras y por tanto al deterioro. Hasta ahora se ha usado este formato para la distribución de películas en alta calidad.
■ **HD-DVD.** HD-DVD (*High Definition Digital Versatile Disc,* o Disco versátil digital de alta definición) es un formato de almacenamiento óptico desarrollado entre otras por las empresas Toshiba, Microsoft y NEC, con capacidades que van desde los 15 hasta los 32 GBytes y una velocidad de transferencia media de 36 MBytes por segundo. El resto de características son similares a las del DVD actual, pues se creó para ser el

sustituto de dicho formato, con las mismas ventajas e inconvenientes que ofrece la publicación en DVD. En el caso de los discos regrabables la capacidad de almacenamiento va desde los 20 a los 32 GBytes.

Por otro lado, cuando se realizaba una publicación multimedia en los soportes físicos que se han mencionado, su producción era un proceso detallado y multifacético. Durante todo el proceso intervenían desarrolladores a través del *software* de producción que luego se alojaría en el soporte físico, como aplicaciones y juegos, empaquetados en un formato instalable, incluyendo archivos de instalación y, a menudo, un archivo de "Readme" con instrucciones.

Un aspecto muy importante era el trabajo de diseño gráfico en carátulas y manuales, donde los diseñadores creaban carátulas de discos, el arte de la caja y los manuales de usuario. La portada debía ser atractiva y contener toda la información relevante, como el título, el contenido, las especificaciones técnicas y las imágenes promocionales. A tal fin se utilizaban las cajas acrilicas Jewel Box o fundas de cartón impreso. Las pruebas de impresión de las carátulas y manuales se revisaban para garantizar la calidad del diseño y la precisión de la información. Finalmente las cajas se sellaban con envoltorios de celofán para protección y presentación y los productos terminados se enviaban a almacenes y distribuidores, y de ahí a tiendas minoristas y mayoristas. La logística incluía la gestión de inventarios y el transporte, asegurando que los productos llegaran a su destino de manera segura y a tiempo.

Imagen que muestra los formatos para la distribución de discos multimedia
—o de cualquier otro tipo—

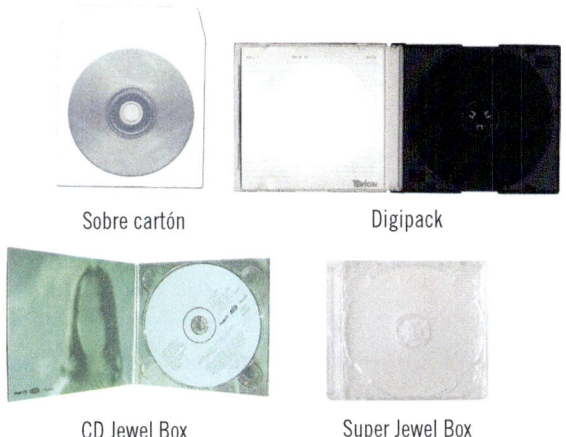

Sobre cartón   Digipack

CD Jewel Box   Super Jewel Box

 **Nota**

Estos diseños ofrecen la primera impresión visual del producto, por lo que deben estar hechos de manera profesional. Pueden dar información técnica sobre la aplicación multimedia, marcas, logotipos, fotografías o datos de contacto, por ejemplo.

El disco duro interno es un soporte de almacenamiento rápido y de gran capacidad, que almacena los datos de manera permanente, basado en la tecnología magnética y en la de transistores en los últimos modelos. En el desarrollo de un producto editorial multimedia es especialmente necesario disponer de medios con estas características, pues los archivos de trabajo suelen tener gran tamaño, en especial los vídeos y secuencias de audio. Además, los procesos de edición generan archivos temporales, ficheros de mezcla de medios, archivos de copias de seguridad, etc., que han de ser almacenados en dispositivos de alta capacidad.

A la derecha, interior de disco duro tradicional de tipo SATA, con sus componentes mecánicos, y a la izquierda, disco duro de estado sólido (SSD)

Las mejores soluciones se basan en discos de estado sólido (SSD) o en su defecto discos SATA a 7.200 RPM. Estos últimos ofrecen hoy día una capacidad de almacenamiento que va desde los 512 GBytes hasta los 4 TBytes. La tasa de transferencia de datos es también un parámetro muy importante, sobre todo a la hora de reproducir flujos multimedia en alta definición, donde los dispositivos SSD son hasta 10 veces más veloces que los discos tradicionales más modernos.

 **Definición**

Discos SSD

Los discos de estado sólido o SSD *(Solid State Discs)* son medios de almacenamiento que usan circuitos de memoria Flash para guardar los datos, en sustitución a los discos magnéticos clásicos. Esto permite eliminar los elementos mecánicos, como la cabeza lectora, lo cual es una gran ventaja a la hora de reducir el tamaño de los mismos, el gasto energético y el tiempo de acceso a la información. Son similares por tanto a las memorias RAM, con la ventaja de no ser volátil, es decir, los datos no se destruyen al apagar el equipo. Actualmente su precio es una de las mayores desventajas.

Los discos duros se usan en la publicación multimedia principalmente en entornos conectados en red, como puede ser la intranet de una empresa. El producto se guarda en un determinado directorio en un ordenador servidor, y se crean enlaces o accesos directos a él, desde los ordenadores "clientes".

Recuerde

Un producto multimedia publicado en la web estará necesariamente almacenado en el disco duro de algún ordenador conectado a internet. Estos equipos se suelen denominar "servidores web" o servidores HTTP, y su tarea principal es aceptar las solicitudes de acceso a los documentos web almacenados en sus discos y devolverlas generalmente en formato HTML a los navegadores de los clientes.

Actividades

1. ¿En qué tipo de tecnología están basados los discos CD o DVD?
2. ¿A qué corresponden las siglas SSD?

3.2. Disco duro externo USB, SD, etc.

Los discos externos, que pueden ser igualmente de tipo SATA o SSD, se conectan al equipo informático mediante conexión USB, aunque también son posibles las conexiones *Firewire* y SCSI. Tienen la gran ventaja de poder trasladarse fácilmente, sin necesidad de abrir el ordenador y sacar su disco interno y se usan principalmente como medio de almacenamiento secundario. Sus capacidades van desde los 8 GBytes en los discos más pequeños, a cientos de "Gigas" o incluso más de 1 TByte. Usan discos magnéticos, aunque cada vez más dispositivos son de tipo SSD, basados en memorias *Flash*.

Definición

USB

Son las siglas de *Universal Serial Bus* o Bus Serie Universal. Usado hoy día por la mayoría de los ordenadores, dispositivos periféricos y electrónicos, se trata de un sistema de comunicación rápido, fiable y económico, que además permite la alimentación eléctrica de estos. Es importante conocer la velocidad de transferencia, que varía dependiendo de la versión del protocolo. En la actualidad, habiendo quedado obsoleta la versión 1.0, se usan principalmente las versiones 2.0 y 3.0 que permiten alcanzar tasas de velocidad media de 35 MBytes/s y 350 MBytes/s respectivamente (los valores máximos dependen de los dispositivos y determinadas situaciones).

Un *Pen drive* es un formato de almacenamiento externo de mediana capacidad, de 1, 2, 4, 8, 16, 32, 64 GBytes, aunque algunos modelos comerciales superan estas cantidades. No necesita alimentación externa y usa también el sistema de conexión USB. Es muy transportable por su pequeño tamaño y está basado en la microelectrónica, por lo que es totalmente silencioso y resistente a golpes, polvo y ralladuras.

Las tarjetas de memoria extraíbles de tipo *Flash* son otro soporte de almacenamiento y reproducción de datos. Para acceder a la información contenida en ellas es necesario un dispositivo lector de tarjetas, que puede estar integrado en el equipo informático o ser de tipo externo USB.

Nota

Las memorias *Flash* son especialmente útiles por su reducido tamaño, para dotar de mayor capacidad de almacenaje a dispositivos pequeños como cámaras fotográficas y móviles de última generación. Los medios de almacenamiento basados en memorias *Flash* han sustituido hoy día a soportes como los discos ópticos DVD y CD principalmente, por las ventajas anteriormente comentadas y su facilidad de uso.

Hay muchos modelos, entre los que están las CF *(Compact Flash),* que son las mas comunes y económicas, las MMC *(Multimedia Card),* más pequeñas y ligeras que las anteriores, aunque menos resistentes y SD *(Secure Digital),* son la evolución natural de las anteriores, muy vendidas en la actualidad por su precio y capacidad de almacenamiento. Otras como XD y *Sony Memory Stick,* MS, son las memorias específicas de las cámaras FujiFilm y de algunos dispositivos de la compañía Sony, respectivamente.

3.3. Lectores de *E-Book*

Un libro electrónico o *E-Book* se utiliza para leer obras como libros, revistas o cualquier tipo de publicación, previamente digitalizada. Su nombre sirve para referirse tanto al dispositivo físico como al documento en sí. El libro electrónico no solo permite la lectura de textos, sino también la visualización de imágenes, secuencias de audio, vídeo, enlaces e hipertexto, etc.

Los tipos de archivo que un libro electrónico puede leer han ido con el tiempo ampliándose y son muchos actualmente. PDF sigue siendo el formato estándar y universal, aunque no es el óptimo para este tipo de dispositivos. Otros formatos como MOBI y AZW son nativos de los lectores *eReader Kindle* y *Amazon Kindle* respectivamente, dos de los que más éxito comercial han tenido. *ePub* es un formato de documento libre, que a diferencia de otros, puede ser leído en distintos dispositivos. También muchos modelos son capaces de leer documentos de word (DOC) y ficheros HTML y RTF.

 **Nota**

Los libros electrónicos sirven para acceder a productos multimedia, aunque de manera más limitada en comparación con un ordenador personal, una tableta o un *smartphone*. Por este motivo, la venta actual de dispositivos *E-Book* ha decrecido en los últimos tiempos como consecuencia de la bajada de precios de otros productos. Ordenadores, *netbooks*, tabletas, *smartphones* son capaces de leer libros electrónicos, además de ofrecer muchas más funciones, por lo que los usuarios de estos productos no suelen interesarse en adquirir libros electrónicos, inferiores tecnológicamente.

3.4. *Smartphones*, PDA, tabletas tipo iPAD, etc.

Los soportes digitales más modernos como los *smartphones*, PDA y tabletas tipo iPAD, entre otros, han revolucionado la forma de usar los productos multimedia y el acceso a las aplicaciones *online* publicadas en internet.

Smartphones

El nombre *smartphone* corresponde a los tipos de teléfonos "inteligentes" que ofrecen un conjunto más amplio de funciones que un dispositivo móvil común. Entre sus características más importantes están las de disponer de un sistema operativo propio y un conjunto de aplicaciones para realizar un sinfín de tareas, que pueden ampliarse instalando otras nuevas. Se consideran, por tanto, hoy día, similares a los pequeños ordenadores.

Nota

Junto con la evolución de los dispositivos móviles, cada vez más complejos y con más funciones, se ha producido también el desarrollo de sus sistemas operativos. Los móviles de última generación deben ser capaces de ejecutar un sistema operativo propio, ofreciendo así una plataforma integrada con el *hardware* del terminal que ejecute eficientemente las aplicaciones. Por este motivo, diseñar una aplicación multimedia para *smartphone* implica conocer bien la plataforma de destino y hoy día existen muchas posibilidades.

Sin embargo, el uso de aplicaciones multimedia en *smartphones* puede presentar ciertos inconvenientes, por ejemplo:

- Una **reproducción lenta o entrecortada,** debido a la conexión de internet o captación de antenas que suministran los paquetes de datos
- **Cierres inesperados** debido problemas con la memoria del teléfono, con el *software* o con las propias aplicaciones.
- **Consumo excesivo de batería,** sobre todo con aplicaciones de segundo plano.
- Puede incurrir en una **mala calidad de imagen o vídeo,** nuevamente por el tipo de conexión a internet deficiente a la configuración general de teléfono.
- **Problemas de audio, distorsionado o entrecortado.** Puede haber defectos en los altavoces del teléfono, con la aplicación en sí o con la configuración de audio.
- Puede ocurrir también **dificultad para descargar o reproducir contenido,** que puede deberse a un problema de derechos de autor, con la aplicación en sí o con tu conexión a internet.
- **Existencia de virus y *malware.*** Las aplicaciones multimedia pueden ser un vector de ataque para virus y *malware*. Es importante descargar las aplicaciones de fuentes confiables y mantener el *software* del teléfono actualizado para evitar este tipo de problemas.

Representación de la evolución en el diseño de distintos dispositivos móviles, donde se aprecia el protagonismo cada vez mayor de la pantalla y del aumento de su densidad en píxeles

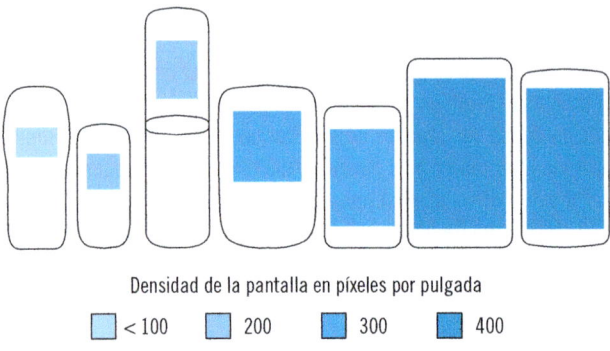

Densidad de la pantalla en píxeles por pulgada

☐ < 100   ☐ 200   ☐ 300   ☐ 400

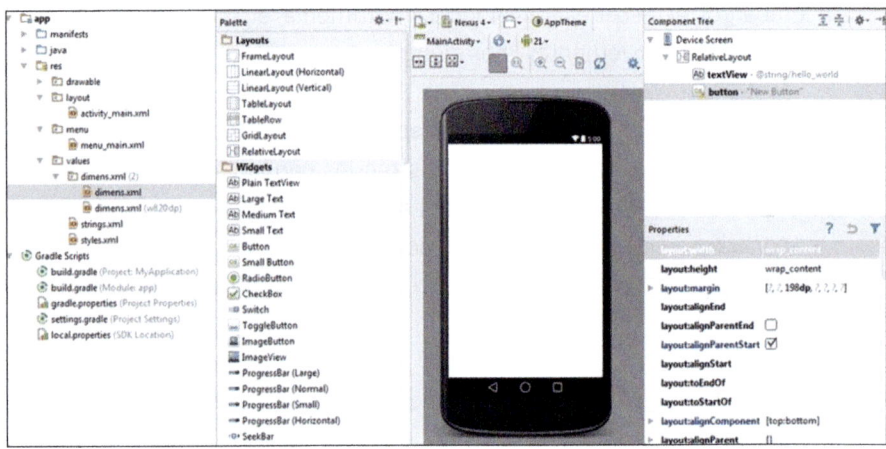

Ejemplo de interface para Windows del programa "Android Studio" que permite el desarrollo de aplicaciones para teléfonos móviles.

? Sabía que...

El "diseño responsivo", "responsable" o "adaptativo" tiene como principal objetivo que los productos puedan adaptarse correctamente a cualquier dispositivo que acceda a ellos, como *smartphones,* tabletas, televisores "inteligentes" y ordenadores personales. Se consigue mediante un conjunto de técnicas basadas en HTML 5 y CSS 3, principalmente.

La principal ventaja del uso de aplicaciones multimedia en dispositivos móviles es la comodidad de poder acceder a ellas en cualquier momento y situación —el móvil va siempre "con uno mismo"—, sin la necesidad de encender un ordenador o cualquier otro dispositivo de mayor tamaño.

PDA

PDA son las siglas de Asistente Digital Personal, es decir, un dispositivo electrónico con sistema de procesamiento, pantalla táctil, memoria y distintas conexiones, entre ellas USB y red inalámbrica. Es similar a un pequeño ordenador de bolsillo, con sistema operativo propio, entre los que destacan *PalmOS, BlackBerry* y *Windows Mobile* o *Pocket PC*.

Su uso está orientado a ambientes de oficina y trabajo, para administrar tareas, eventos y contactos mediante su agenda personal y la comunicación a través del correo electrónico y de los sistemas GPS. También suelen incluir *software* de ofimática como procesadores de texto, hojas de cálculo, visualizadores de documentos, imágenes, archivos PDF y, en los más avanzados, secuencias multimedia en formato DivX, MP3, *Flash,* etc.

Sin embargo, la comercialización de estos productos ha decaído en los últimos años, considerándose incluso como obsoletos, debido al gran avance de los teléfonos móviles "inteligentes" y las tabletas. Estas últimas ofrecen un mayor tamaño de pantalla, la cual es táctil, capacidad gráfica, de proceso, almacenamiento y conectividad. En la práctica son ordenadores en toda regla, sin teclado físico, pero manejables y transportables.

Tabletas tipo *iPAD*

Estos dispositivos están orientados principalmente a la multimedia, a la visualización de imágenes, vídeos y documentos y al uso de internet. Mediante la hábil utilización de un lápiz o apuntador, pueden ser usadas incluso para trabajos de diseño gráfico, retoque de imágenes y edición de vídeos. Sin embargo, no se aconseja su uso para trabajos de ofimática o programación, ya que el uso del teclado virtual ralentiza estos trabajos.

Se interactúa con ellas mediante los dedos y los teclados virtuales, de la misma forma que se utiliza la interfaz de un *smartphone,* con la ventaja de tener un área de imagen mayor, ya que normalmente disponen de pantallas cuyo tamaño varía desde las 6 a las 12 pulgadas. Usan almacenamiento de tipo *Flash,* interno, comunicación *wireless,* conectividad USB y los sistemas operativos más utilizados, hoy en día, son *iPadOS (Apple), Android (Google)* y *Windows (Microsoft).*

A la izquierda, un ejemplo de tableta, y a la derecha, una PDA, apreciándose las notables diferencias de tamaño, interfaz y funcionalidad entre ambas.

Algunas poseen conector mini-HDMI, por lo que pueden transferir la reproducción de un determinado contenido a una pantalla mayor. La navegación web puede realizarse mediante conexión WIFI, USB o a través del sistema de comunicación 3G, que permite incluso realizar llamadas de teléfono y videoconferencia.

iPad es el nombre comercial de las tabletas de la marca Apple, lanzadas al mercado a principios del 2010. Usan el sistema operativo *iOS,* que ofrece una gran interfaz de usuario, muy intuitiva y fácil de utilizar, de manera similar a otros dispositivos de la compañía como el *iPhone* o el *iPod Touch.*

En el caso de las **tabletas** que usan sistema operativo Android, el lider en producción es Samsung y los modelos Galaxy. La mayoría de las tabletas Samsung Galaxy usan pantallas AMOLED, que ofrecen colores vibrantes, negros profundos y un alto contraste. Vienen en diferentes tamaños, desde las Galaxy Tab A de 8 pulgadas hasta las Galaxy Tab S8 Ultra de 14,6 pulgadas. Utilizan Procesadores Qualcomm Snapdragon o Exynos y la cantidad de RAM varía desde 2GB hasta 16GB. La mayoría de las tabletas Samsung Galaxy tienen una cámara trasera y una cámara frontal para videollamadas y *selfies.* Todas las tabletas Samsung Galaxy usan Android, el sistema operativo móvil de *Google.* One UI es su propia interfaz de usuario con una experiencia de usuario más intuitiva y personalizable que la versión estándar de Android.

En el caso de los **iPad,** usan el sistema operativo de Apple, denominado iOS. Apple, usa pantalla de retina que ofrecen una alta resolución y una imagen nítida y detallada. Vienen en diferentes tamaños, desde el iPad mini de 8,3 pulgadas hasta el iPad Pro de 12,9 pulgadas. Usan tecnología LCD y OLED, que ofrece colores más vibrantes y negros más profundos. El procesador es un chip Apple diseñados por la propia compañía, que son conocidos por su rendimiento y eficiencia, los hay desde el chip A13 Bionic del iPad, básico hasta el chip M1 del iPad Pro. En el caso de las cámaras tienen una cámara trasera, con resolución que varía según el modelo y también una cámara frontal, para videollamadas y *selfies.* El *software* que utilizan es iPadOS, un sistema operativo basado en iOS diseñado específicamente para pantallas táctiles más grandes.

Los detalles técnicos comentados sobre tabletas y *iPads* deben conocerse para publicar en ellos con éxito productos multimedia. El no disponer de teclado físico y manejar la interfaz desde la pantalla táctil obliga a los diseñadores a desarrollar interfaces muy sencillas y funcionales, similares a las de los sistemas operativos en ellas instalados. Pero esto, lejos de ser un inconveniente es una ventaja, ya que pueden utilizarse otros recursos como la capacidad para reproducir secuencias de audio y vídeo para desarrollar interesantes aplicaciones multimedia, juegos y programas educativos.

Televisores "inteligentes"

Estos televisores, denominados también con el nombre *Smart TV,* son dispositivos avanzados para ver la televisión digital y acceder además a contenidos *online* a través de su receptor inalámbrico y productos multimedia almacenados en memorias USB o discos, etc. Permiten navegar por internet, usar las comunicaciones y el correo electrónico, las redes sociales y un amplio catálogo de aplicaciones multimedia y juegos.

La publicación de productos multimedia en este tipo de dispositivos tiene un futuro lleno de posibilidades a nivel tecnológico, sin embargo actualmente estos televisores están evolucionando muy rápidamente, por lo que es difícil programar aplicaciones compatibles con los distintos modelos, tamaños de pantallas y resoluciones, por ejemplo, actualmente conviven tecnología de LED *(Light Emitting Diode)*, OLED *(Organic Light Emitting Diode)*, QLED *(Quantum Dot Light Emitting Diode)*, Mini LED y MicroLED, las cuales permiten las resoluciones ya conocidas como Full HD, de 1920 x 1080 píxeles, 4K (Ultra HD o UHD) de 3840 x 2160 píxeles y lo último del mercado; 8K con una resolución de 7680 x 4320 píxeles con tecnologías complementarias de HDR *(High Dynamic Range)*.

Reproductores MP4

Estos reproductores han entrado en el mercado para ampliar las posibilidades de los conocidos reproductores MP3, ofreciendo un conjunto más amplio de formatos de archivos soportados, como fotografías, secuencias de vídeo o textos, entre otros. Sin embargo, la mayoría son sistemas cerrados sobre los que no pueden ejecutarse aplicaciones multimedia y han sido ampliamente superados por los móviles de última generación y tabletas.

No hay que confundir este tipo de aparato con el formato MP4, que es un tipo de archivo que almacena audio y vídeo codificados, principalmente para su uso en internet.

 Aplicación práctica

Los miembros del departamento multimedia de una empresa se reúnen para debatir en qué dispositivo o soporte físico digital publicar un producto recientemente encargado, que trata sobre un conocido circuito de velocidad. La aplicación mostrará información textual, imágenes, fotos en alta definición y sobre todo un amplio catálogo de vídeos, de los cuales diez son en alta definición. Se estima que toda la información ocupe 4'2 GBytes.

¿Cuáles serían los posibles caminos a elegir, teniendo en cuenta que el soporte físico se enviará de forma impresa?

Continúa en página siguiente >>

<< Viene de página anterior

SOLUCIÓN

Las posibilidades de bajo costo son dos:

1. Unidades *flash* USB: porque son compactas y fáciles de transportar. Funcionan con la mayoría de los ordenadores, televisores y otros dispositivos con puertos USB. Son resistentes y duraderas y permiten ser guardados y presentados en una caja impresa.
2. Tarjeta microSD: son muy pequeñas y ligeras, lo que permitiría imprimirlas sobre un cartón troquelado y serían ideales para dispositivos portátiles. Hay tarjetas microSD disponibles con capacidades de hasta 1 TB, lo que las hace adecuadas para almacenar archivos grandes. Pueden utilizarse para su reproducción en teléfonos inteligentes y tabletas.

 Actividades

3. Cite, al menos, tres problemas o desventajas en el uso de aplicaciones multimedia en dispositivos móviles.
4. ¿Qué tipo de soporte físico digital se usa principalmente para guardar datos en cámaras fotográficas y dispositivos móviles?

4. Herramientas utilizadas para la publicación en soporte físico digital

El proceso de desarrollo y publicación de productos multimedia en soporte físico digital se realiza utilizando un conjunto de herramientas y aplicaciones de distinto tipo, que determinan la calidad y el grado de compatibilidad de los mismos. Este *software* se puede dividir en tres grandes grupos: herramientas de autor que sirven para el desarrollo y la publicación del producto, herramientas que sirven para transferir los archivos al soporte físico digital, y utilidades y lenguajes específicos de programación.

4.1. Herramientas de autor para la publicación de elementos multimedia

Aparte de las herramientas ya mencionadas cuando hablamos de este mismo tema aplicado a páginas web, por ejemplo, a las herramientas de autor para profesionales, utilizadas hoy en día podemos clasificarlas en principio en dos grandes conjuntos: los *softwares* de escritorio y las plataformas *online*.

Como *softwares* destacan las siguientes herramientas: *Adobe Captivate, Articulate 360, Elucidat, iSpring Suite* y *Vyond*. Como herramientas en línea están: *Easygenerator, H5P Piktochart* y *Powtoon*.

En general todas estas herramientas permiten la creación de contenido para *e-learning,* teniendo un comportamiento versátil e intuitivo. Cada una presenta sus características, las cuales necesitan ser recorridas por los diseñadores para saber cuál se ajusta al trabajo que necesita realizar. Muchas funcionan y compatibilizan con *PowerPoint* y permiten la creación de material interactivo, gamificado y cuestionarios autogestionables. Algunas tienen recursos gratuitos y otras lo son completamente gratis al ser de código abierto.

 Definición

Herramienta de autor
Software que permite a los desarrolladores crear un determinado producto mediante el uso de funciones y utilidades que facilitan el esfuerzo en el proceso de diseño, ya sean estos expertos programadores o, por otro lado, personas sin conocimientos de programación.

4.2. Características y funcionalidad de las herramientas

El *software* de autor debe facilitar la creación de un producto editorial multimedia y su publicación en soportes físicos digitales.

Para tal fin, estos programas deben reunir unas características que permitan las siguientes funciones y tareas:

- Gestionar fácilmente las pantallas. Crear una nueva pantalla, eliminar una pantalla, cambiar el orden de las pantallas, gestionar las ventanas, mensajes de control y error, etc.
- Definir el aspecto gráfico de las pantallas que forman la interfaz. Los elementos visuales son diseñados mediante programas como *Adobe Photoshop* o *Adobe Illustrator* y posteriormente ensamblados, usando la herramienta de autor.
- Determinar cómo transcurre el tiempo en la aplicación. Establecer los intervalos entre pantallas, pausas, tiempos de espera hasta la ocurrencia de un evento, controlando la aplicación, deteniéndola o reanudándola cuando sea necesario, etc.

Es necesario relacionar los distintos objetos que participan en la película, sobre una línea de tiempo la cual suele medirse en *frames* o fotogramas. Estos son pequeños bloques indivisibles, sobre los cuales pueden insertarse los elementos de la aplicación (textos, imágenes, vídeos, etc.), determinando así el momento en el tiempo en el que aparecen.

- Insertar los objetos básicos —el texto y las imágenes— y los objetos multimedia, como secuencias de audio y de vídeo. Insertar controles para los objetos multimedia: reproducción, avance, parada, etc.
- Modificar las propiedades de los objetos insertados. Por ejemplo, si se añade una imagen a la aplicación, poder modificar su aspecto o tamaño desde la herramienta.
- Establecer el sistema de navegación de la aplicación, al menos mediante el uso de botones de acción o hipertexto.
- Definir estilos visuales para el texto, de manera que se facilite su legibilidad, haciendo el producto accesible.
- Establecer los aspectos que definen la interactividad de la aplicación y la funcionalidad de los distintos elementos.
- Añadir funciones externas, mediante pequeños programas denominados XTRAS o *Plugins,* escritos normalmente por terceras personas y que ofrecen nuevas funcionalidades que ayudan en el desarrollo del producto.

Por último, la herramienta de autor debe permitir publicar el producto multimedia en los formatos ejecutables más comunes, como "*.exe" en los sistemas *Windows,* "*.app" en los sistemas *Macintosh,* o "*.ipa" en los dispositivos móviles con sistema operativo *IOS.* Esto hace posible la ejecución de la aplicación en un determinado soporte y/o plataforma. No es, sin embargo, obligatorio que el *software* de creación multimedia disponga de funciones para la transferencia física de los datos al soporte digital, pues, como se ha explicado anteriormente, es una tarea que puede ser realizada por herramientas del sistema operativo u otro tipo de programas.

4.3. Utilidades y *software* específicos de programación

La programación ofrece un sinfín de posibilidades para la creación de elementos multimedia interactivos y dinámicos con el fin de desarrollar aplicaciones multimedia que incluyan vídeos, juegos, animaciones, realidad aumentada o realidad virtual. También con el fin de crear contenido web interactivo con interfaces de usuario específicas que incluyen animaciones y efectos visuales, incluso realidad virtual y realidad aumentada.

Los *softwares* específicos de programación dependerán de lo que se quiera programar. Los lenguajes más utilizados de programación son HTML, CSS y JavaScript, utilizados para crear contenido web interactivo y páginas dinámicas.

Luego están los lenguajes C++, Java y Python que se utilizan para desarrollar aplicaciones multimedia multiplataforma, videojuegos y simulaciones complejas. Así, destacan las siguientes:

- **C#:** para programar aplicaciones multimedia en *Windows* y videojuegos con el desarrollador *Unity.*
- **Swift** y **Objective-C:** para crear aplicaciones multimedia para dispositivos iOS.
- **Kotlin,** cuyo fin es para desarrollar aplicaciones multimedia en dispositivos Android.

Y finalmente, están las **herramientas de desarrollo,** como por ejemplo el ya mencionado *Unity,* que se trata de un *motor de juego* para crear videojuegos 2D y 3D multiplataforma. *Unreal Engine* que también es otro motor de juego potente de alta calidad y experiencias inmersivas. *Adobe Animate,* una herramienta especializada para crear animaciones 2D, gráficos interactivos y contenido multimedia para la web. *Blender* es un *software* de código abierto para creación 3D, modelado, animación, simulación y renderizado. Por último, cabe mencionar a *Maya* y *3ds Max,* los cuales son programas profesionales de *Autodesk* para modelado 3D, animación, renderizado y creación de efectos visuales.

A continuación, se indican tres ejemplos de *softwares* utilizados para programación:

- **Visual Studio Code (VS Code):** es un programa desarrollado por Microsoft que funciona como editor de código fuente, altamente personalizable y ligero. Es una herramienta muy popular entre los desarrolladores debido a su flexibilidad y amplia gama de extensiones. Permite el trabajo multilenguaje ya que soporta una gran variedad como JavaScript, Python, Java, C++, entre otros.
- **PyCharm:** en este caso se refiere a un entorno de desarrollo integrado (IDE) específico para el lenguaje de programación Python, desarrollado por JetBrains. Es muy popular entre los desarrolladores de Python por sus características avanzadas y su capacidad de facilitar el desarrollo en Python. Tiene una integración con frameworks como Django y Flask lo que permite ir viendo cómo va quedando el aspecto de una página web, por ejemplo.
- **IntelliJ IDEA:** este es otro producto de JetBrains y se trrata de un IDE polente y versátil principalmente para Java, aunque también soporta otros lenguajes menos conocidos como *Kotlin, Groovy, Scala,* y más. Tiene un *Smart Coding Assistance* integrado que permite el autocompletado de código, análisis de código en tiempo real, y herramientas de navegación inteligentes. También tiene incluye soporte para *frameworks* populares como Spring e Hibernate; Incluye Git, herramientas de base de datos, terminal y muchas otras herramientas que facilitan el desarrollo.

HTML5, CSS y Javascript

Se trata del trío indicado sobre lenguajes y etiquetas para la creación de productos editoriales multimedia.

En el mundo dinámico de los productos editoriales multimedia, HTML5, CSS y Javascript se han convertido en herramientas indispensables para la creación de contenido interactivo, atractivo y de alta calidad. Dominar estos lenguajes permite a los profesionales del sector ir más allá de los formatos tradicionales y dar vida a experiencias únicas para los usuarios.

Con HTML5, se proyecta la estructura y el contenido. Es el lenguaje base para la creación de páginas web y la piedra angular de los productos editoriales multimedia. Define la estructura y el contenido de un documento, organizándolo en elementos como encabezados, párrafos, imágenes y videos. Con HTML5, se pueden crear desde simples páginas web hasta complejas aplicaciones web, brindando una base sólida para el desarrollo multimedia.

Con CSS se trabaja el estilo y la presentación del contenido definido en HTML5. Es como el director de arte de un producto editorial multimedia, ya que permite controlar colores, tipografías, diseños de página y la disposición general de los elementos. CSS aporta una capa visual atractiva y consistente, mejorando la experiencia del usuario y la accesibilidad del contenido.

Por último JavaScript se utiliza para trabajar la interactividad y la dinámica, dotando de vida a los productos editoriales multimedia. Permite crear animaciones, transiciones, juegos, aplicaciones web y otras experiencias dinámicas que van más allá del contenido estático. Con JavaScript, los usuarios pueden interactuar con el producto, realizar acciones y obtener respuestas en tiempo real, lo que lo hace ideal para presentaciones, infografías, visualizaciones de datos y mucho más.

La combinación de HTML5, CSS y Javascript abre un sinfín de posibilidades para la creación de productos editoriales multimedia innovadores y atractivos

Ejemplos que hoy podemos encontrar son las revistas digitales, las cuales ofrecen un desarrollo de publicaciones interactivas con animaciones, galerías de imágenes, vídeos y elementos multimedia que enriquecen la experiencia de lectura.

Hay revistas con mucha trayectoria en formato físico que, ante la digitalización y expansión de internet, al día de hoy cuenta con su formato físico y digital de revista. Esto les ha permitido extender sus capacidades de comunicación y en la web se puede acceder a contenido multimedia que el formato papel no permite.

Otro ejemplo son las infografías, donde el programador puede proyectar la visualización de datos en forma dinámica e interactiva, para que los usuarios puedan explorar y comprender información compleja de manera atractiva. Desde ya que también se puede trabajar en el desarrollo de presentaciones, con transiciones, animaciones y elementos interactivos lo que permite transmitir ideas de manera efectiva.

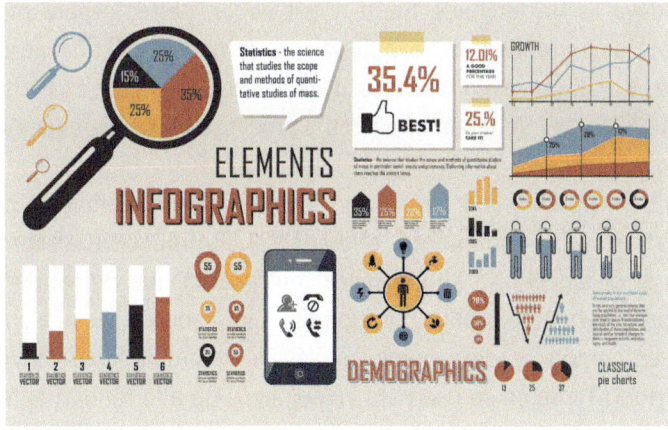

Las infografías reúnen una cantidad de datos sobre temas puntuales, brindando una lectura rápida en función de su análisis. Las infografías dinámicas, a su vez permiten que a modo de animación los datos vayan apareciendo secuencialmente hasta completar la hoja, como por ejemplo Academia Play.

Las páginas juegos educativos, basadas en conceptos de gamificación, también son una posibilidad que combina contenido educativo con elementos de entretenimiento para fomentar el aprendizaje de forma lúdica, a la par de aplicaciones web como plataformas de suscripción, herramientas de autoría o catálogos multimedia.

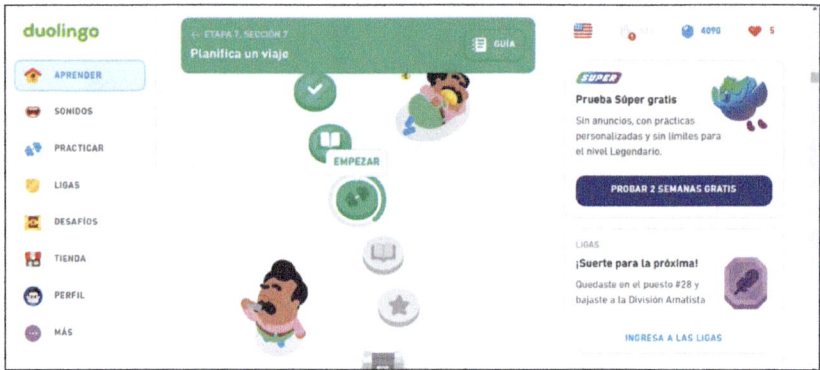

Duolingo es la mayor plataforma, junto con su App, de aprendizaje de idioma en el mundo.

C++, Java y Python

A modo de introducción podemos decir que C++ es un lenguaje ideal para aplicaciones multimedia que demandan alto rendimiento y control sobre el *hardware,* Java es un lenguaje fuerte y escalable, perfecto para plataformas de publicación, herramientas de autoría y sistemas de gestión de contenido multimedia, y, Python es el más versátil y sencillo, ideal para análisis de datos multimedia, sistemas de recomendación y procesamiento de lenguaje natural.

Entrando en detalle, con C++ es un lenguaje de programación compilado conocido por su alto rendimiento, eficiencia y control sobre el *hardware.* Es ideal para el desarrollo de aplicaciones multimedia que demandan un gran poder de procesamiento, como por ejemplo Simuladores para la creación de simulaciones complejas de fenómenos físicos, o simuladores de vuelo o de realidad virtual. También se usa para videojuegos de alto rendimiento con gráficos exigentes y experiencias de juego fluidas. Otro uso muy reciente es el de aplicaciones de realidad aumentada a través de algoritmos complejos de seguimiento y renderizado para crear experiencias inmersivas.

En segundo lugar se encuentra Java, que es un lenguaje de programación orientado a objetos, robusto y escalable, ampliamente utilizado en el desarrollo de aplicaciones empresariales. Sus características lo hacen ideal para desarrollar plataformas de publicación digital y distribución de contenido multimedia a gran escala, para herramientas de autoría multimedia y sistemas de gestión de contenidos.

Por último, Python también es un lenguaje orientado a objetos con una programación versátil y sencillo de aprender. Es popular en el ámbito del análisis de datos y la inteligencia artificial, lo que lo hace ideal para extracción y análisis de información de grandes conjuntos de datos multimedia, como imágenes, vídeos o audio. Para recomendación de contenido multimedia personalizados para usuarios. Para el procesamiento de lenguaje natural como los gestos y que procesan y analizan texto, como herramientas de resumen automático o traducción automática (lenguaje de sordos) de contenido multimedia.

4.4. Herramientas de transferencia de ficheros

En el desarrollo de un producto editorial multimedia se genera un material formado por un conjunto extenso de datos que contienen la información textual, sonora y video-gráfica de la aplicación, así como los ficheros ejecutables. Estos archivos se montan en el producto, usando distintos procedimientos, dependiendo del *software* de autor empleado.

Por regla general, los archivos "ensamblados" en la aplicación se organizan además en carpetas y subcarpetas en el disco duro de un equipo informático "local" y se trasladan al soporte físico digital una vez finalizado el producto. A nivel profesional se sigue este proceso de igual manera, con la diferencia de que el soporte físico, como puede ser un disco duro externo o memoria *flash* USB, es fabricado industrialmente, incluyendo los archivos que componen la aplicación y el "envoltorio" de la misma como carátulas, serigrafías, libreto interior, etc.

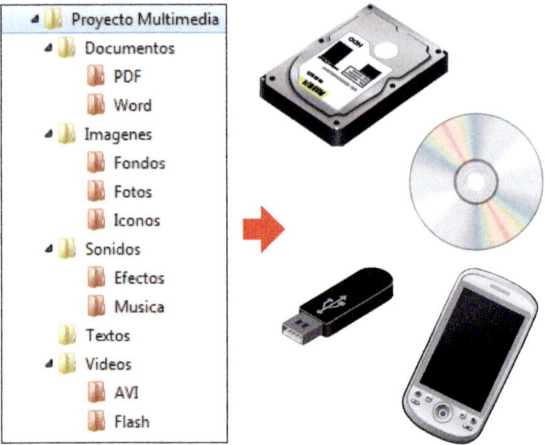

Imagen conceptual sobre la idea del traspaso de la información multimedia, desde el equipo "local" a cualquier soporte digital.

 Consejo

Es buena práctica ordenar y clasificar los archivos que van a formar parte del producto editorial multimedia en dos bibliotecas, una de las cuales es la "biblioteca de materiales originales", donde como su nombre indica estarán los archivos originales de imagen, sonido, vídeo y textos, principalmente. Estos materiales han de estar guardados en los formatos que mayor calidad ofrezcan y en dispositivos de almacenamiento fiables y de gran capacidad.

Se puede poner como ejemplo la publicación de un producto multimedia mediante *Visual Studio Code.* La aplicación se realizará importando a la biblioteca, también denominada *Cast,* los archivos definitivos de textos, imágenes, sonidos y vídeos, los cuales estarán organizados en carpetas.

 **Nota**

Importando los archivos multimedia a la biblioteca se permite usar copias independientes de dichos objetos en cualquier página o pantalla y asociarles unas determinadas propiedades y funciones, definidas en el guion del proyecto.

Un *Cast* puede ser interno o externo. Si es interno, los elementos que se importen en él se guardarán en el archivo ejecutable de la aplicación. Esto es ideal para los objetos más pequeños, como los textos, las imágenes y los sonidos más cortos, pues serán reproducidos muy rápidamente al cargar el programa.

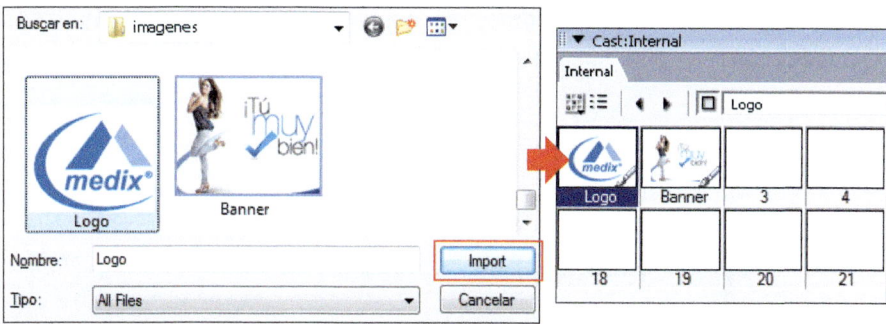

Importación de ficheros a la biblioteca interna de la película, también llamada Cast interno

Por otro lado, el *Cast* externo es aquel que se usa para importar los archivos más grandes como las secuencias de audio y vídeo. Realmente estos objetos no se guardan en el fichero ejecutable de la aplicación, sino los enlaces a los mismos. Por este motivo, se debe respetar la estructura de archivos y carpetas del producto editorial multimedia al copiarla al soporte físico digital. Terminado el producto, se generará uno o varios archivos ejecutables que serán almacenados junto a los anteriores ficheros, y todos ellos serán copiados al disco.

 **Nota**

Si los ficheros más grandes se importan al Cast interno, el tamaño del archivo ejecutable de la aplicación será muy grande y por consiguiente no será gestionado eficazmente por el sistema operativo —por ejemplo, la aplicación multimedia tardará más en abrirse—. Cualquier equipo informático tarda mucho más tiempo en ejecutar un archivo de 500 Mbytes que un archivo de 50 MBytes.

Dependiendo del soporte empleado, es posible que sea necesario definir el fichero que "lanza" o arranca la aplicación de manera automática. Este archivo suele denominarse "autorun.inf" y se almacena en el directorio raíz del soporte. Debe contener al menos la línea donde se especifica el fichero ejecutable que debe abrirse de manera automática y opcionalmente puede contener otra línea que indique cual es el fichero de icono de la aplicación:

```
open=galeriaartemultimedia.exe
icon=galeria.ico
```

Como resumen, dependiendo del soporte donde se vaya a publicar el producto, las opciones principales son:

- **Memorias Flash, USB y discos internos o externos.** Es posible transferir la información a estos soportes directamente, usando un administrador de archivos o comandos de copia del sistema operativo.
- **CD-ROM, DVD, Blu-Ray y HD-DVD** son formatos ya casi obsoletos, aunque mayoría de los sistemas operativos actuales incluyen herramientas de gestión de archivos para transferir la información a dichos soportes. Suele ser más efectivo utilizar algunos de los programas de grabación en formato digital comentados anteriormente, como *Nero Burning ROM* o programas para la creación de DVD profesionales.

■ **Smartphones, tabletas y e-Books.** Estos usan su almacenamiento interno para guardar y poder ejecutar la aplicación o bien soportes físicos externos, como las memorias *Flash*. Actualmente la forma más cómoda para instalar productos multimedia en estos dispositivos es descargándola desde internet, y ejecutando un programa instalador. Esto supone un coste adicional en el proceso de desarrollo del producto, pero permite que pueda ser usado por un número mucho mayor de usuarios.

 Actividades

5. ¿Para qué sirve el archivo "autorun.inf" y dónde se utiliza?
6. Ponga un ejemplo de función JavaScript insertada en una página web de manera gráfica.

5. Desarrollo de publicación editorial multimedia en soporte físico digital

El trabajo con las herramientas de autor vistas anteriormente se basa en la idea de desarrollar la aplicación multimedia como si fuese una película. En esta, el escenario es el área donde se van diseñando las pantallas, sobre las cuales se colocan los objetos y elementos interactivos —textos, imágenes, vídeos, etc.—. Estos, a su vez, se consideran los "actores digitales" de la película y se definen mediante propiedades como la posición, el tamaño o el color, una vez han sido importados al proyecto, como ya se ha explicado.

Así pues, los objetos multimedia que están en el *Cast* o biblioteca, pueden arrastrarse al escenario, también denominado *Stage,* para ser colocados en su posición correcta. Al seleccionar cualquier objeto, incluido el escenario, pueden modificarse sus propiedades principales.

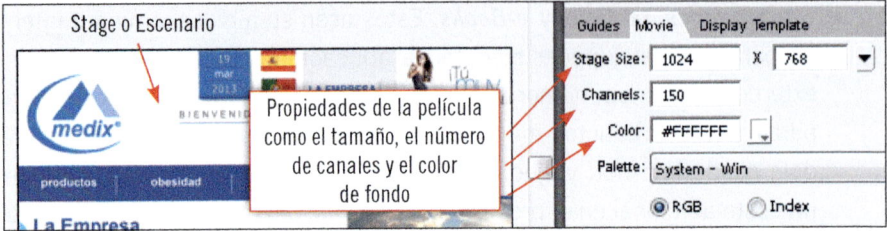

A la izquierda, el escenario de la aplicación, en el que hay colocados una serie de objetos y la ventana de propiedades de la película, donde puede establecerse por ejemplo su tamaño en píxeles o el color de fondo, entre otras cosas.

 **Consejo**

En el *Cast*, denominado también reparto o biblioteca, deben estar los elementos que van a formar parte del producto editorial multimedia como textos, imágenes, iconos y botones, sonidos y secuencias animadas. Se recomienda importar todos estos elementos antes de comenzar el proceso de montaje de la película.

5.1. Guion de la película

Por otro lado, existe un guion, que define exactamente cómo se comporta el producto multimedia, es decir, la película, a lo largo del tiempo: qué pantallas se muestran, qué información ofrece cada pantalla o qué funciones se ejecutan, dependiendo de las acciones que realicen los usuarios. El guion en este tipo de programas se denomina *SCORE.*

En la interfaz de los programas diseñados para llevar a cabo estos trabajos normalmente se encuentra el recorrido "horizontalmente" del *score* determinado por la cantidad de fotogramas según dure la película y que definirá la línea de tiempo del producto final. Luego, con una lectura "vertical" están divididos en dos zonas, la primera es donde se puede encontrar los controles que permitirán definir la velocidad de reproducción, la paleta de colores, los efectos de transición o los efectos de sonido por ejemplo. La complejidad en cuanto a los controles, dependerá del programa que se use. La segunda zona es la que permite insertar los objetos de reparto y su distribución a lo largo del

SCORE apareciendo o desapareciendo según se distribuyan los fotocuadros. Aquí también podemos visualizar, normalmente, todos los controles asignados a la película.

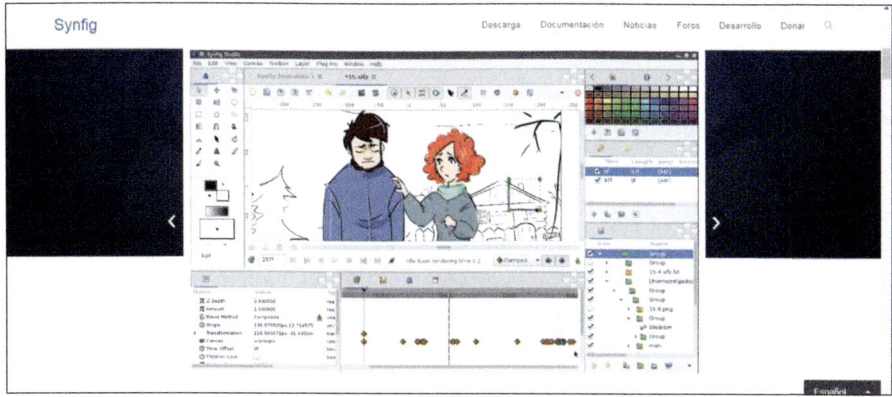

Synfig es una plataforma abierta y gratuita que reemplazaría al antiguo Adobe Director y se utiliza para generar publicaciones editoriales multimedia en 2D.

5.2. Canales

Por ejemplo, imagine que está creando una ilustración de un personaje. Cada parte del personaje, como la cabeza, el cuerpo, los brazos y las piernas, podría estar en un canal diferente. Esto permite trabajar en cada parte de forma individual y controlar su apariencia y comportamiento de manera precisa.

Usar canales en *Synfig* no va a permitir tener organización, mantener tu proyecto ordenado y estructurado, facilitando la edición y reutilización de elementos. Posibilitará un control preciso de cada canal, lo que permite ajustar con precisión la apariencia y el comportamiento de cada elemento. También permitirá el uso de efectos y transformaciones a cada canal de forma independiente, creando animaciones complejas y dinámicas, posibilitando también guardar canales como plantillas y reutilizarlos en diferentes proyectos, ahorrando tiempo y esfuerzo.

Los canales de *Synfig* son versátiles y se pueden usar para crear una amplia variedad de productos multimedia, incluyendo animaciones 2D, ilustraciones, interfaces de usuario e infografías.

Por tanto, diseñar productos editoriales multimedia con estas aplicaciones requiere que se haga un correcto análisis del concepto del "tiempo", así como de la velocidad de reproducción de la película; esto no es tan importante en los productos multimedia publicados en formato de página web en los que prima la presentación de la información y la interactividad.

5.3. Proyecto, prototipo y libro de estilo

En el anterior capítulo se expusieron las fases principales que conforman la creación de un producto multimedia *online,* desde la definición del proyecto a la realización de los prototipos y la adaptación de las características gráficas y visuales a los documentos de estilos (CSS).

Aunque la mayoría de esos conceptos son también válidos para un proyecto destinado a ser publicado en soporte digital, las diferencias más destacables están relacionadas con la medición y control del tiempo, como se acaba de comentar, y con la aplicación de los estilos visuales. Los productos multimedia clásicos no disponen de la ventaja de poder usar documentos CSS, por lo que no es posible separar el estilo del contenido —a no ser que el producto multimedia se realice en formato de documento web—.

 Nota

Es posible realizar aplicaciones multimedia y publicarlas en formato de página web, incluso en la mayoría de los soportes físicos digitales. En este caso no suele existir un archivo ejecutable que "lance" la aplicación, sino un documento HTML como "index.html" o "default.html" que sirve como primera pantalla o página de inicio.

Se puede poner el siguiente ejemplo: un producto multimedia realizado con *Adobe Premier* utiliza una imagen de fondo predeterminada durante toda la secuencia de grabación. Al finalizar, se observa que esa imagen hay que cambiarla. Por lo tanto, el proyecto debe ser abierto nuevamente, importar la nueva imagen y colocarla otra vez donde corresponda.

Si el mismo producto se realiza en formato HTML, tan solo es necesario sustituir la imagen defectuosa por el nuevo archivo de imagen corregido y guardarlo en la misma ubicación del servidor con igual nombre. El coste de modificación, en tiempo y en recursos, es por lo general considerablemente más bajo en estos casos. Queda claro que hay que definir de manera correcta el proyecto, realizar tantos prototipos como sean necesarios y corregir todos los posibles errores de diseño antes de publicar el producto.

 Consejo

Es muy efectivo en todos aquellos proyectos que se publican en soportes físicos digitales, diseñar prototipos que sirvan para conseguir las especificaciones definidas inicialmente. Si los objetivos estéticos o funcionales no se alcanzan en un principio, hay que refinar dichos prototipos mediante iteraciones hasta conseguir un producto válido para el cliente o para el equipo de desarrollo. Es más rápido hacer cambios sobre el papel o en el prototipo que sobre el producto publicado definitivamente.

Una técnica muy utilizada es dividir la película en escenas y realizar al menos dos prototipos funcionales, uno para la pantalla inicial y otro para la primera escena. De este modo, estos prototipos, una vez que son definitivos, pueden reutilizarse a modo de plantillas modificando únicamente la información que cambia. Muchas herramientas de autor permiten también copiar determinados elementos e incluir en la copia el código asociado a ellos.

 **Nota**

La copia del código asociado a determinados elementos simplifica el trabajo, ya que, por ejemplo, puede copiarse un menú de navegación en tantas pantallas como aparezca, sin tener que repetir el código. Aun así, la realización de aplicaciones multimedia en formato web es por lo general más rápida. Al separar la información del estilo visual, la reutilización de componentes es más efectiva y se multiplica, si además se usan sistemas de bases de datos.

5.4. Elementos de diseño gráfico, navegación e interacción según libro de estilo

Una de las ventajas de publicar productos multimedia en soporte digital es que, en general, el estilo visual puede ser más complejo y de mayor calidad. La optimización de los archivos y su nivel de compresión no es uno de los principales objetivos, a no ser que el producto vaya a publicarse en internet, en cuyo caso deben emplearse diseños más sencillos y livianos.

Se ha explicado que los productos que no se publican mediante documentos HTML no usan archivos de estilos CSS. Por tanto, la adaptación del manual de estilo al estilo visual del producto se realiza "manualmente", utilizando elementos de diseño gráfico con niveles de compresión menores y por tanto mayor calidad. Los elementos de estilo que pueden establecerse en un producto editorial multimedia mediante herramientas de autor son principalmente:

- Color de fondo y colores principales usados en las pantallas.
- Imagen como fondo de pantalla.
- Márgenes de las pantallas.
- Tipografía. Tipo de letra, tamaño, color, estilos, alineaciones, etc.

Recuerde

Los objetos multimedia que están en la biblioteca pueden arrastrarse al escenario, también denominado *Stage,* para ser colocados en su posición correcta. Al seleccionar cualquier objeto, incluido el escenario, pueden modificarse sus propiedades principales.

La navegación y las funciones interactivas por otro lado, son perfectamente soportadas por los lenguajes JavaScript. Herramientas como *Adobe Captivate, Articulate Storyline* o *Elucidat,* incluyen secuencias de código ya programadas, organizadas por categorías. Estas secuencias, también denominadas "comportamientos" sirven para implementar determinadas funciones como son las que permiten acceder a una determinada escena o pantalla.

Nota

Lingo es un potente lenguaje orientado a eventos, lo que significa que las acciones que realizan los usuarios sobre la aplicación multimedia pueden ser "cazadas" y al estar asociadas a un determinado fragmento de código, ofrecer una respuesta interactiva.

Así, en la categoría "Navigation" se encuentran algunas funciones de navegación a través de la película, como:

- **Go to Frame X Button.** Permite que, al pulsar sobre una imagen o botón, la película avance o retroceda hacia un fotograma determinado. Puede insertarse en la línea de tiempo, permitiendo así saltos de reproducción hacia distintas partes de la película.

- **Hold on Current Frame.** Mantiene la reproducción de la película sobre un fotograma en *Stand By,* a la espera de la ocurrencia de un determinado evento, normalmente por la interacción del usuario.
- **Wait for Mouse Click or Keypress.** Mantiene la película detenida, a la espera de que se haga clic con el ratón o se pulse una tecla. Es similar al avance de diapositivas en presentaciones multimedia.

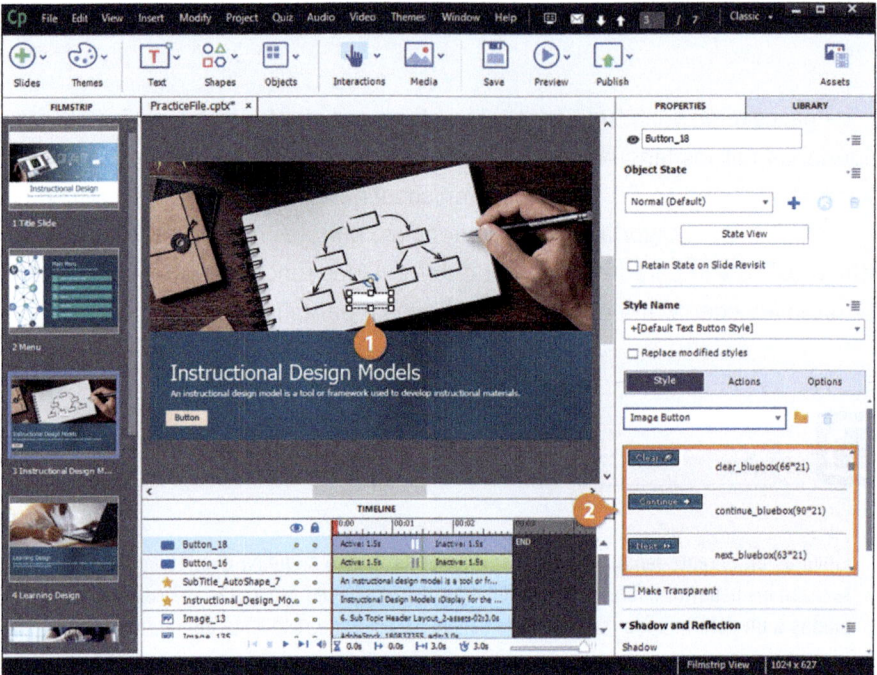

Representación del uso del comportamiento Hold on Current Frame para mantener la película detenida en el fotograma 100, a la espera de que el usuario pulse sobre alguno de los botones. Sobre estos se asocian los comportamientos Go to Frame X Button para ir a los fotogramas de cada pantalla —el fotograma 1 para volver a Inicio, por ejemplo—.

5.5. Seguimiento de la planificación de producción

El **seguimiento y planificación** para un producto editorial multimedia implica un proceso dinámico e iterativo, desde la concepción inicial hasta la distribución y evaluación final del producto. Es un proceso no muy diferente al que se ha explicado en el capítulo anterior. Se repasan, igualmente, los siguientes pasos:

1. Establecer objetivos claros y específicos, por ejemplo, definir qué se pretende lograr con el producto multimedia, a qué audiencia se dirige y qué impacto se busca generar.
2. Determinar el alcance y las limitaciones. Para ello, se han de considerar los recursos disponibles, el tiempo y las capacidades del equipo para definir un alcance realista del proyecto.
3. Establecer un cronograma y un presupuesto detallado con hitos y fechas límite, así como un presupuesto que considere todos los costos involucrados.

Para la **etapa de desarrollo y producción,** se deberán elaborar los guiones y *storyboards* en forma detallada, que describan el contenido, la narrativa y la estructura del producto multimedia. Crear *storyboards* visuales que representen el flujo del contenido y las ideas creativas. Se deberá producir el correspondiente contenido multimedia que compondrán el producto, como imágenes, vídeos, animaciones, audio y texto. Un punto a tener muy presente es el diseño y desarrollo de la interfaz. En este sentido, se deberá diseñar una interfaz atractiva e intuitiva que facilite la navegación y la interacción del usuario con el producto multimedia. Es necesarion desde el comienzo del proyecto considerar la usabilidad y la accesibilidad para todos los usuarios.

Una vez planteado esto, se deberán llevar a cabo pruebas e implementar el producto multimedia en la plataforma elegida (web, aplicación móvil, etc.) y realizar pruebas exhaustivas para detectar y corregir errores o fallos de funcionamiento.

La siguiente etapa implica la **evaluación y retroalimentación propia del proyecto.** Así, pues, se deberán realizar pruebas de usuario para evaluar el producto multimedia con usuarios reales y obtener una retroalimentación sobre su usabilidad, efectividad y satisfacción general para analizar resultados y métricas, recopilando datos sobre el uso del producto, como el tiempo de interacción, las páginas visitadas y las acciones realizadas. A partir de dichos análisis se llevan a cabo las mejoras e iteraciones, en base a la retroalimentación y los datos recopilados. Se plantean las mejoras necesarias en el producto para optimizar su rendimiento y la experiencia del usuario.

Las herramientas y metodologías que se utilizan en la **gestión de proyectos,** normalmente son *Trello, Asana* o *Monday.com,* para organizar las tareas, asignar responsabilidades, monitorear el progreso y mantener una comunicación fluida entre los miembros del equipo.

En el caso del **prototipado y diseño,** se usan herramientas como *Figma, Adobe XD* o *Sketch* para crear prototipos interactivos y diseños de alta fidelidad del producto multimedia.

Respecto al ***software* de edición** que generalmente se usa, se puede citar a *Adobe Premiere Pro, Final Cut Pro* o *DaVinci Resolve* para la edición de video, y herramientas como *Adobe Photoshop* o *Illustrator* para la edición de imágenes y gráficos.

En cuanto a los **sistemas de control de versiones,** se puede implementar un tipo *Git* para gestionar los cambios en el código fuente y los archivos del proyecto de manera eficiente utilizando metodologías de trabajo ágiles gracias a entornos digitales como *Scrum* o *Kanban* para dividir el proyecto en *sprints* cortos, realizar entregas incrementales y adaptarse a los cambios de manera flexible.

En cada etapa y proceso, la comunicación y colaboración debe ser abierta y fluida entre los miembros del equipo, clientes y *stakeholders* para asegurar la alineación y la toma de decisiones efectiva. Se debe establecer un mapa para la gestión de cambios, es decir, una herramienta que permita establecer un proceso claro para gestionar los cambios en el alcance del proyecto, los requisitos o las especificaciones del producto multimedia. Y desde ya tener presente el control de calidad, implementar un proceso riguroso de "testeo" para garantizar que el producto multimedia cumpla con los estándares de calidad establecidos.

Una vez que estén dadas las condiciones, de antemano, para lanzar el producto, se debe contar con la estrategia de distribución y promoción, considerando plataformas *online,* canales físicos o eventos presenciales. Implementar acciones de promoción y *marketing* para dar a conocer el producto y atraer a la audiencia objetivo.

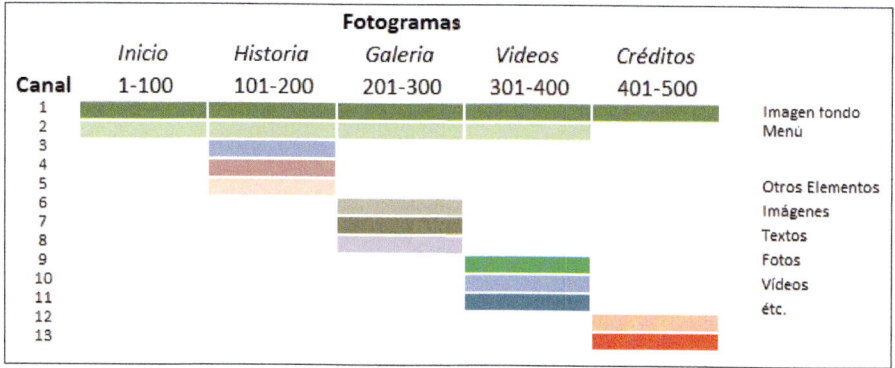

Temporización general de un producto multimedia desde el fotograma 1 hasta el 500, con sus cinco pantallas principales, los intervalos de fotogramas en las que se muestran y los distintos elementos que se visualizan. Hay, además, una imagen de fondo común y un menú que está en todas las pantallas, menos en la de "Créditos".

Actividades

7. ¿Qué es un *keyframe?*
8. ¿En qué consiste "testear" una aplicación multimedia, como una de las etapas finales de la producción?

Aplicación práctica

Se decide publicar el producto multimedia de la aplicación práctica anterior, sobre un circuito de velocidad. Se realizará usando la herramienta de autor *Adobe Director* y la película se configurará a 20 fotogramas por segundo. Las pantallas principales que se van a mostrar son: una "Intro" de 15 s, que solo aparece al introducir el DVD en el ordenador. Posteriormente, debe abrirse la pantalla de "Inicio" desde la cual se puede acceder a las pantallas de "El Circuito", "Instalaciones", "Grandes Premios / Eventos", "Galería Multimedia", "Contacto" y una animación de cierre de 20 s. ¿De qué manera puede realizarse la temporización del producto? ¿Para qué se usarían las funciones *Hold on Current Frame* y *Go to Frame X Button?*

Continúa en página siguiente >>

<< Viene de página anterior

SOLUCIÓN

La aplicación puede temporizarse de la siguiente manera:

▌ Fotogramas 1-300: "Intro" inicial (animación de inicio).
▌ Fotogramas 301–400: pantalla de "Inicio".
▌ Fotogramas 401–500: pantalla de "El Circuito".
▌ Fotogramas 501–600: pantalla de "Instalaciones".
▌ Fotogramas 601–700: pantalla de "Grandes Premios / Eventos".
▌ Fotogramas 701–800: pantalla de "Galería Multimedia".
▌ Fotogramas 801–900: pantalla de "Contacto".
▌ Fotogramas 901–1300: animación de cierre.

La función *Hold on Current Frame* se utiliza en el último fotograma de cada pantalla, para mantener la película a la espera de que el usuario pulse en cualquier botón de navegación. Cada botón de navegación tendrá asociado la función *Go to Frame X Button* para dirigir al usuario al fotograma donde comienza cada una de las pantallas.

5.6. Usabilidad

La usabilidad ha sido descrita como el rasgo positivo que hace que un producto sea fácil de manejar por parte de los usuarios, permitiendo así realizar las tareas de forma más rápida y sencilla. En el terreno de los contenidos multimedia para dispositivos *smartphones,* tabletas y *E-Books,* la usabilidad es uno de los factores más importantes que influyen en el éxito de la aplicación. Para conseguirla plenamente hay que seguir las siguientes indicaciones:

■ El producto debe diseñarse de forma que su interfaz sea lo más sencilla e intuitiva posible, para lo cual pueden realizarse diseños previos basados en prototipos. Una de las características de estos dispositivos es que son fácilmente manejables por cualquier persona, casi de cualquier edad, por lo que debe mantenerse esa línea.

■ Cualquier contenido tiene que presentarse de manera clara y directa. Hay que pensar que muchas veces los usuarios utilizarán el producto de manera "móvil", es decir, en entornos dinámicos como en la calle, donde hay mucho ajetreo y la pantalla no se visualiza correctamente. Por este motivo, los usuarios agradecen aquellos programas que presentan la información bien organizada y con un correcto contraste entre los distintos objetos gráficos.

La correcta organización de la información presentada es uno de los aspectos más importantes a la hora de diseñar la interfaz del producto. En este sentido, se recomienda por ejemplo que los usuarios vean todo el contenido en la pantalla, sin necesidad de hacer scroll. No se aconsejar abrir las pantallas por las que el usuario navega, en nuevas ventanas, ni usar ventanas pop-up, pues algunos dispositivos tienen problemas para trabajar de esta manera.

- La aplicación debe funcionar de manera rápida y fluida. Los usuarios no deben esperar un tiempo excesivo para acceder a la interfaz completa de la página o pantalla.

- Las pantallas y los contenidos presentes en ellas han de tener cierto grado de optimización respecto al tamaño en bytes de la información que muestran. Algunos dispositivos no tienen la misma capacidad de memoria, ni de potencia de cálculo, y en ellos se ralentiza el uso de un producto "pesado".

- La navegación ha de ser muy simple, evitando que los usuarios tengan que realizar recorridos complejos para llegar a una determinada pantalla. Es buena práctica usar un único menú de navegación horizontal y fijo, en la parte superior de la aplicación o en su defecto en el lateral izquierdo. Se recomienda también definir direcciones web cortas, pues el usuario estará obligado a introducirlas desde el teclado virtual, lo cual suele ser incómodo.

- El producto debe ser compatible con la mayoría de los dispositivos y navegadores. Si se ha realizado en formato de página web, hay un conjunto de etiquetas HTML que son compatibles con todos los navegadores y por tanto interpretadas de la misma forma, aunque esto pueda perjudicar el diseño visual. Determinadas etiquetas HTML como "<table>" o "<iframe>" pueden dar problemas en algunos sistemas.

- El nivel de "responsividad" del producto, es decir, su grado de adaptación a los distintos dispositivos independientemente de las características técnicas de estos, se consigue principalmente mediante la programación en HTML5 y CSS3 y el uso de medidas relativas en los tamaños de los objetos.

Para comprobar la usabilidad de un prototipo funcional en formato HTML o de un producto ya publicado *online,* existe una gran cantidad de simuladores y validadores que muestran como se ve y utiliza la aplicación en ordenadores, móviles, tabletas, libros electrónicos, etc.

Como ejemplos están las aplicaciones web <http://mobiletest.me/> o <http://quirktools.com/screenfly>. La mayoría, aunque suelen estar en inglés, son muy fáciles de utilizar y presentan un cuadro de texto donde se introduce la dirección web de la página que se desea comprobar.

Es también importante conocer los validadores oficiales que ofrece la organización W3C, como son el conocido validador móvil <http://validator.w3.org/mobile> y el validador CSS <http://jigsaw.w3.org/css-validator>.

 Aplicación práctica

A los empleados de una empresa se les regala un dispositivo *E-Book,* y se nos encarga para ellos la realización de un documento digital en formato HTML, que permita mostrar la información técnica de un conjunto de artículos que se suministran, organizados en categorías. Se desea que contenga texto e imágenes principalmente, con sus respectivos enlaces y menús de navegación. Evalúe si el siguiente prototipo es válido en términos de usabilidad.

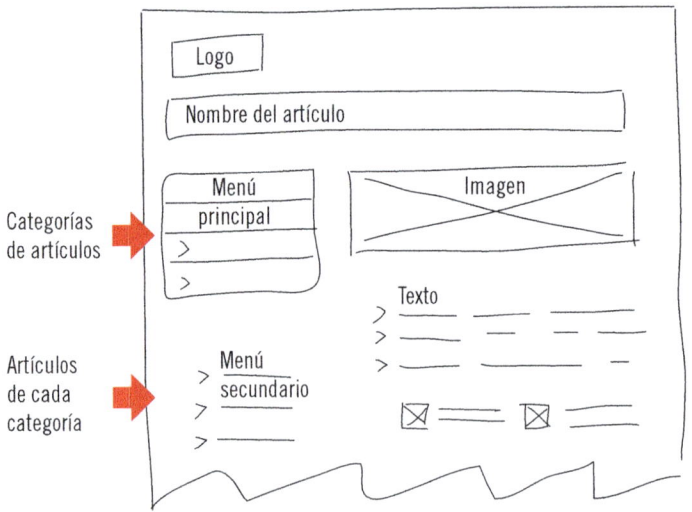

Continúa en página siguiente >>

<< Viene de página anterior

¿Qué ventajas de usabilidad se ven a simple vista sobre el prototipo dibujado? ¿De qué manera puede comprobarse técnicamente la usabilidad del diseño?

SOLUCIÓN

Se puede afirmar que el diseño realizado presenta la información claramente estructurada y el menú lateral izquierdo permite a los usuarios acceder a las distintas páginas del libro de manera simple y directa. Los artículos quedan clasificados por categorías en el menú principal y luego por cada categoría aparecen los artículos correspondientes en el menú secundario. En la parte derecha se muestra la imagen de cada artículo y sus características en formato de texto, así como posibles enlaces (hipertexto). El diseño es claro y sencillo.

Puede comprobarse la usabilidad del diseño creando un prototipo funcional en HTML y utilizando alguna aplicación como <www.figma.com>.

5.7. Normas UNE-ISO

En el capítulo anterior se explicó el concepto de norma como conjunto de documentos que regulan de manera oficial una determinada producción o actividad, así como los organismos reconocidos más importantes a nivel nacional e internacional. Para los procesos de publicación en soporte digital se dan un amplio conjunto de condiciones, que pueden ser normalizadas de igual forma que en el caso de la creación de productos *online.*

Las Normas ISO/IEC 9126 y 9241 recogen además especificaciones de usabilidad para productos editoriales multimedia. De manera complementaria, una de las normas más importantes que debe seguirse es la UNE-ISO/IEC 20000, primera gran norma española que se centra en regular y organizar los procesos relacionados con las tecnologías de la información y comunicación (TIC).

? Sabía que...

ISO, cuyo órgano central está en Ginebra (Suiza), es técnicamente hablando una persona jurídica en la que se agrupan un conjunto de Organismos Nacionales de Normalización de más de 120 países.

5.8. Normativas específicas (corporativas, industriales, etc.)

Hay un amplio y variado conjunto de normas aplicables en el desarrollo y publicación de contenidos multimedia en soportes físicos digitales. Directamente relacionadas con el proceso de creación están las normas de estilo de una determinada empresa, organismo o institución, que fijan la pauta a seguir en los aspectos gráficos y visuales del producto, como ya se indicó en el capítulo anterior. Por lo general, cuanto más "grande" es una empresa, más toma en consideración el uso de estas normas, así como otras relacionadas con sus medios de producción, especificaciones técnicas, etc.

En otro sentido y no menos importante, las creaciones audiovisuales/multimedia, programas informáticos y sitios web son objeto de protección a nivel de derechos de autor. En España, está regulado por la Ley de la Propiedad Intelectual, que desde el 11 de noviembre de 1987 y tras sucesivas reformas, es la norma que regula poder reproducir, comunicar, distribuir y transformar una obra, entendida esta como bien inmaterial, haya sido publicada o no.

Nota

La Ley de la Propiedad Intelectual establece en sus dos primeros artículos:

Artículo 1. Hecho generador.

La propiedad intelectual de una obra literaria, artística o científica corresponde al autor por el solo hecho de su creación.

Artículo 2. Contenido.

La propiedad intelectual está integrada por derechos de carácter personal y patrimonial, que atribuyen al autor la plena disposición y el derecho exclusivo a la explotación de la obra, sin más limitaciones que las establecidas en la Ley.

La Ley recoge el derecho de copiar privadamente una obra por parte de terceros, sin ánimo de lucro, aunque para compensar a los autores, se ofrece el pago de un canon asociado a estos soportes (CD-ROM, DVD, discos duros, etc.). Este beneficio lo gestionan determinadas sociedades como SGAE y CEDRO.

La normativa industrial tiene en la Ley de la Propiedad Industrial el marco que regula "unos derechos de exclusiva sobre determinadas creaciones inmateriales que se protegen como verdaderos derechos de propiedad", otorgados a través de un procedimiento por el organismo competente (en España, la Oficina Española de Patentes y Marcas).

Riesgos que ofrecen los soportes digitales

En general, el desarrollo y publicación de productos multimedia en soporte físico digital tiene asociados unas tareas y procesos directamente relacionados con el uso de equipos informáticos y funciones que habitualmente se realizan en una oficina, por lo que pueden aplicarse igualmente todas las normas y consejos explicados en el capítulo anterior, relacionados con la seguridad y la salud. Sin embargo, la rápida y constante evolución de estas tecnologías trae consigo ventajas pero también riesgos y problemas.

Así, por ejemplo, los teléfonos móviles y agendas electrónicas poseen pantallas con un tamaño relativamente pequeño y no siempre se utilizan en las mejores condiciones lumínicas. Por eso, al desarrollar una aplicación hay que conseguir un óptimo contraste entre los objetos gráficos de la interfaz, con el objetivo de disminuir en los usuarios el esfuerzo visual y por consiguiente la fatiga. En el lado opuesto están los televisores de nueva generación que poseen grandes pantallas y en algunos casos la posibilidad de ver contenidos multimedia en 3D, que pueden producir ciertos riesgos por un uso inadecuado.

En el caso de las tabletas, los mayores riesgos para la salud que suelen causar son los de tipo visuales y posturales. Esto es debido principalmente a la fatiga que puede producir la visualización prolongada de determinadas pantallas, su uso en condiciones luminosas poco favorables y la falta de comodidad. Las tabletas no son ergonómicas, ya que no disponen de espacio para descansar la muñeca y el brazo ha de moverse en unas condiciones distintas al uso de un ordenador personal tradicional. Están pensadas para ser usadas en entornos de gran movilidad donde no es posible usar ratón y/o teclado físico.

Para la lectura de documentos digitales, los *E-Books* son más recomendables, ya que usan pantallas antireflejos diseñadas para no cansar la vista.

Protección medioambiental

Hoy en día, pueden ahorrarse cientos de miles de toneladas de papel en todo el mundo, así como los gastos de impresión correspondientes. Los libros electrónicos ofrecen también unas claras ventajas medioambientales, pues ahorran en gasto de papel y tinta, y la duración de sus baterías es superior a la de otros dispositivos como tabletas y *smartphones.*

Si un *E-Book* guarda en su memoria veinte libros, se está ahorrando la impresión de 4000 hojas aproximadamente. Además, los libros digitales pueden adquirirse en tiendas *online,* por lo que se reducen gastos en desplazamiento, tiempos de espera, etc.

? Sabía que...

Los discos ópticos tienen en su composición más de un 95 % de policarbonato, siendo este un plástico de gran valor en la industria, por lo que su reciclaje evita desaprovechar este material.

Es difícil medir los riesgos que presentan la producción de este tipo de dispositivos y sus componentes electrónicos a nivel mundial y saber si las ventajas ofrecidas por el uso de estos soportes compensan dichos riesgos. Lo que sí está en todos nosotros es la capacidad de reciclarlos, minimizando así el impacto medioambiental.

Reciclaje de los aparatos eléctricos y electrónicos

La Directiva 2012/19/UE del Parlamento Europeo, de 4 de julio de 2012 y el Real Decreto 110/2015, del 20 de febrero, regula el tratamiento sobre los residuos de aparatos eléctricos y electrónicos (RAEE). Uno de los primeros aspectos que se tratan es que de manera común a la gran mayoría de dispositivos y soportes digitales, es necesario entregarlos en los puntos limpios de cada ciudad, una vez acabada su vida útil.

Con esto se inicia el proceso de reciclaje de los mismos y se protege al medioambiente de algunos de sus peligrosos componentes, como es el caso de pilas y baterías.

Importante

Desechar dispositivos y aparatos eléctricos en cualquier sitio tiene grandes riesgos para el medio ambiente y, por tanto, para la salud. La mayoría contienen sustancias contaminantes, como mercurio, fósforo, cadmio, bromo, y otras incluso más peligrosas.

Los puntos limpios son unas instalaciones ofrecidas pública y gratuitamente a los ciudadanos para la recogida de residuos peligrosos o voluminosos. La OCU ofrece en su web un buscador de puntos limpios, de manera que los ciudadanos puedan encontrar aquellos más próximos.

Buscador de puntos limpios ofrecidos en la web de la OCU:
<http://www.ocu.org/consumo-familia/nc/calculadora/calculadora-puntos-limpios>

5.9. Manuales de usuario y documentación técnica

La documentación técnica que más frecuentemente se adjunta a un producto multimedia publicado en soporte físico digital es la que se refiere a los requisitos a nivel de *software* y *hardware* del equipo informático o dispositivo en el que se va a utilizar. Los soportes físicos digitales no suelen ser compatibles entre sí, de manera que la especificación del producto puede detallarse en alguna pantalla de la misma aplicación, o en documentos de texto. En este caso los documentos, al igual que otros de tipo técnico, pueden adjuntarse al producto en formato PDF, lo que garantiza su lectura en la gran mayoría de las plataformas.

Los manuales de usuario, por otra parte, son los documentos que dan asistencia a los usuarios, ayudándoles en el uso y mejor aprovechamiento del producto. Aunque en general las aplicaciones multimedia no son difíciles de utilizar en comparación con otro tipo de programas, en ocasiones es necesario elaborar guías que permitan manejar correctamente la publicación y solventar determinadas situaciones. Esto se debe conseguir con textos claros y concisos apoyados en imágenes que pueden ser capturas de pantallas de la aplicación, lo que junto a una maquetación y redacción profesional del documento, da un valor añadido a la publicación.

Es muy importante garantizar la correcta visualización de este tipo de documentos, bien mediante su publicación en formatos multiplataforma como PDF o en el caso de suministrarse de manera impresa, con una suficiente calidad gráfica y visual, pues en cumplimiento de los criterios de accesibilidad hay que ofrecer todo el material que forma parte del producto a la mayor cantidad de personas independientemente de sus capacidades. Esto significa de manera práctica, entre otras cosas, no usar tamaños de letra pequeños que dificulten su lectura para personas de cierta edad.

 Actividades

9. ¿Qué regula la Directiva 2012/19/UE del Parlamento Europeo?
10. Respecto a la usabilidad en contenidos multimedia para dispositivos móviles, ¿por qué han de presentarse de forma clara y directa?
11. ¿Qué ventajas medioambientales ofrece un E-Book?

6. Resumen

El desarrollo de productos multimedia para soportes físicos digitales hoy en día se basa en conocer bien las características técnicas y los objetivos finales del proyecto. Actualmente, existen múltiples posibilidades agrupadas en los medios de almacenamiento en la nube, las memorias SSD de alta velocidad, los libros electrónicos y los dispositivos móviles "inteligentes" como smartphones, tabletas, y en mayor medida, las gafas de realidad aumentada y los dispositivos de realidad virtual.

Tras el proceso inicial de diseño, en el que se definen las especificaciones del producto y se crea el material multimedia y los prototipos necesarios, se realiza el montaje del producto. Esta fase consiste en importar los elementos multimedia a las bibliotecas internas y externas del *software* de edición y colocarlos en su posición correcta en el escenario virtual. Luego se determina en qué momento debe aparecer cada elemento mediante la línea de tiempo, y lo más importante, qué características de interactividad y funcionalidad deben tener, considerando las nuevas tecnologías como la inteligencia artificial y la integración con asistentes virtuales.

Una vez terminado el producto, se publica en la plataforma digital elegida y se realiza la transferencia de los archivos al mismo. De manera general, los conceptos de usabilidad y accesibilidad, la Normativa UNE-ISO, el cumplimiento de las normas medioambientales y de seguridad e higiene, y el uso de una determinada documentación técnica se aplican de forma similar a como se hace en el caso de desarrollar productos multimedia en línea. Adicionalmente, se asegura la compatibilidad con diferentes dispositivos y se optimiza para la experiencia del usuario en entornos de realidad aumentada y virtual.

Ejercicios de repaso y autoevaluación

1. La Norma española que se centra en regular y organizar los procesos relacionados con las tecnologías de la información y comunicación (TIC) es:

    a. UNE-ISO 9001.
    b. UNE-ISO/IEC 20000.
    c. UNE-ISO 14000.
    d. ISO 9000.

2. En el desarrollo de productos editoriales multimedia, los discos duros son necesarios pues...

_____
_____
_____
_____

3. ¿Qué tipo de programa o herramienta es necesario para transferir los archivos de un producto multimedia a memorias *Flash,* memorias USB y discos internos o externos?

    a. Es necesario utilizar el *software* de transferencia de datos Nero Burning ROM.
    b. Directamente, usando un administrador de archivos o comandos de copia del sistema operativo.
    c. Lo más cómodo es descargar estos archivos desde internet, y guardarlos en dichos soportes.
    d. Todas las opciones son incorrectas.

4. Complete los espacios vacíos con las palabras adecuadas.

Una herramienta de autor debe permitir _____ el producto multimedia en los formatos _____ más comunes, como _____ en los sistemas Windows, "*.app" en los sistemas _____, o _____ y "*.swf" para la publicación en la web. Esto hace posible la ejecución de la aplicación en un determinado _____ y/o _____.

5. Busque en la siguiente estructura dispositivos y soportes físicos digitales vigentes u obsoletos.

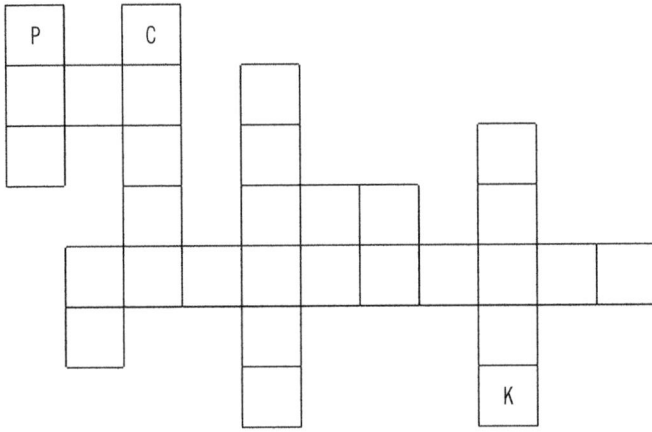

6. Relacione los conceptos de la columna de la izquierda con sus respectivos nombres en la columna de la derecha.

a. Su bajo coste, gran resistencia a los golpes, manejabilidad y gran capacidad de almacenamiento y transferencia, han disparado su éxito comercial.

b. Es un tipo de tecnología basada en la microelectrónica para leer y escribir datos en el soporte.

c. Aprovechan la capacidad de algunos materiales de guardar de forma permanente un determinado estado magnético, por tanto, información.

d. Se basa en utilizar la luz láser para leer la información. Una vez escritos los datos en el soporte, no pueden ser modificados (salvo los de tipo regrabable).

__ CD-ROM, DVD, HD-DVD, Blu-Ray.
__ Memorias USB.
__ Discos duros y cintas magnéticas.
__ Memorias SD, XD y *Memory Stick*.

7. **Un ejemplo de función que, aplicada sobre una imagen, permite que al pulsar sobre ella la película avance o retroceda hacia un fotograma determinado, ¿cómo se llama?**

    a. *Hold on Next Frame.*
    b. *Wait for Mouse Click.*
    c. *Go to Frame X Button.*
    d. *Navigation Button.*

8. **Complete los espacios vacíos con las palabras adecuadas.**

Diseñar productos editoriales multimedia con _____ _____ requiere que se haga un correcto análisis del concepto del _____ así como de la velocidad de _____ de la película. Esto no es tan importante en los productos multimedia publicados en formato de _____ en los que prima la _____ de la información y la _____.

9. **Respecto a las características de los soportes físicos digitales, determine si son verdaderas o falsas las siguientes afirmaciones.**

    a. El disco magnético interno de un disco duro se considera un soporte extraíble.

        ☐ Verdadero
        ☐ Falso

    b. Un disco Blu-ray HD se basa en la tecnología magnética para almacenar la información.

        ☐ Verdadero
        ☐ Falso

    c. Las memorias *Flash* se basan en la microelectrónica para leer y escribir datos.

        ☐ Verdadero
        ☐ Falso

10. Determine, para los siguientes programas que se nombran a continuación, cuáles son herramientas de autor de desarrollo multimedia, entornos de programación o editores de lenguaje y plataformas de alojamiento en la nube: *GitHub, Adobe Premier, Visual Studio Code, Sublime Text, Atom, Google Drive, Adobe Photoshop, Adobe Ilustrator.*

Herramientas de autor de desarrollo multimedia	Programación y editores de codigo	Plataforma de alojamiento virtual

11. Cite al menos cinco tipos de documentos que generalmente pueden leer los libros electrónicos.

_____
_____
_____
_____

12. Complete los espacios vacíos con las palabras adecuadas.

Las mejores soluciones se basan en discos de _____ _____ (SSD) o en defecto discos _____ a 7200 RPM. Estos últimos ofrecen hoy día una capacidad de _____ que va desde los 512 GBytes hasta los ___ _____. La tasa de _____ de datos es también un parámetro muy importante, sobre todo a la hora de reproducir flujos multimedia en alta _____ donde los dispositivos SSD son hasta ___ _____ más veloces que los discos tradicionales modernos.

13. **Determine si las siguientes oraciones sobre la importación de contenido multimedia en la biblioteca (Cast) del producto de una aplicación realizada con herramienta de autor son verdaderas o falsas.**

    a. El *Cast* externo es ideal para los objetos más pequeños, como los textos, las imágenes y los sonidos más cortos.

        ☐ Verdadero
        ☐ Falso

    b. El *Cast* interno es aquel que se usa para importar los archivos más grandes, como las secuencias de audio y vídeo.

        ☐ Verdadero
        ☐ Falso

    c. Los elementos que se importen en el *Cast* interno se guardarán en el archivo ejecutable de la aplicación.

        ☐ Verdadero
        ☐ Falso

14. **¿Qué son y qué ventajas ofrecen los discos SSD?**

_____

_____

_____

_____

Capítulo 3

Actualización de publicaciones editoriales multimedia en diferentes soportes

Contenido

1. Introducción

El formato de la publicación determina en gran medida la capacidad de modificar los documentos, páginas web y películas multimedia. Así en general todo aquello que se publique *online,* en la web, tiene la ventaja de poder ser actualizado directamente y de una manera muy flexible. En el lado opuesto están los archivos ejecutables, cerrados, que pueden ser guardados en un soporte físico como un disco externo, sólido, que por su propia naturaleza obligan a grabar la información de nuevo en el soporte. Esto implica a nivel profesional, repetir el proceso de fabricación, lo cual tiene un coste temporal y económico mucho mayor.

Existen algunas soluciones para evitar esto, pero están basadas en programar determinados componentes a medida, como un *software* de actualización, y que los usuarios descarguen de Internet, por ejemplo, las sucesivas modificaciones. Esto no siempre es fácil ni cómodo para los usuarios, ni siquiera en el caso de ser un proceso automatizado.

Así pues, en las fases iniciales en las que se desarrolla un producto editorial multimedia, es especialmente útil diseñar los contenidos de forma que sus futuras actualizaciones se puedan hacer de manera rápida y eficiente. Conocer los tipos de actualizaciones, las posibilidades que ofrecen los distintos formatos y soportes, además de las técnicas que permiten optimizar estos procesos, es necesario para implementar los mejores sistemas de actualización del producto multimedia.

2. Posibilidades de actualización en las diferentes publicaciones

La modificación de textos, enlaces a nuevos documentos, imágenes o contenidos multimedia de mayor calidad, son algunas de las actualizaciones más frecuentes sobre un producto editorial multimedia. Sin embargo, una actualización puede ser tan sencilla como reemplazar una imagen en un servidor web, cuestión quizás de minutos, o tan compleja como modificar todo el transcurso del tiempo y de las *funciones interactivas* de una aplicación *e-learning* ejecutable.

Se detallan a continuación ciertos aspectos particulares de la actualización de determinados contenidos, en función del formato de la publicación.

2.1. Sitios web

En el primer capítulo se explicó la importancia de publicar productos editoriales multimedia en internet, al ser un medio que permite interconectar documentos y ofrecerlos en línea a millones de usuarios, conectados desde cualquier parte del mundo. Una vez que el producto se ha desarrollado en el equipo informático "local", cualquier cosa que se modifique puede ser "subida" al servidor web contratado mediante FTP, reemplazando la anterior información por la nueva modificada y haciendo así pública dicha actualización.

 Recuerde

Para alojar el producto multimedia en un servidor web se transfieren los archivos desde el equipo local donde se ha desarrollado, al servidor. Esto puede hacerse con cualquier programa informático que permita comunicar ambos equipos mediante protocolo FTP (siglas de "protocolo de transferencia de archivos").

Este proceso se divide en cinco etapas:

a. **Planificar la actualización** detallando de manera clara qué información se debe modificar, qué archivos están involucrados en dicho proceso y qué consecuencias puede tener la actualización o como puede verse afectado el producto original, una vez realizada.

b. Realizar una **copia de la información** que se vaya a modificar en el servidor y guardar dicha copia en un sistema de almacenamiento físico.

c. **Modificar la información** en el equipo local, la actualización en sí.

d. **Publicar la nueva información,** subiendo al servidor a su ubicación original el archivo modificado (puede ser un archivo o varios).

e. **Comprobar** que la actualización se ha realizado correctamente y que no ha provocado errores funcionales o visuales en el resto de la información.

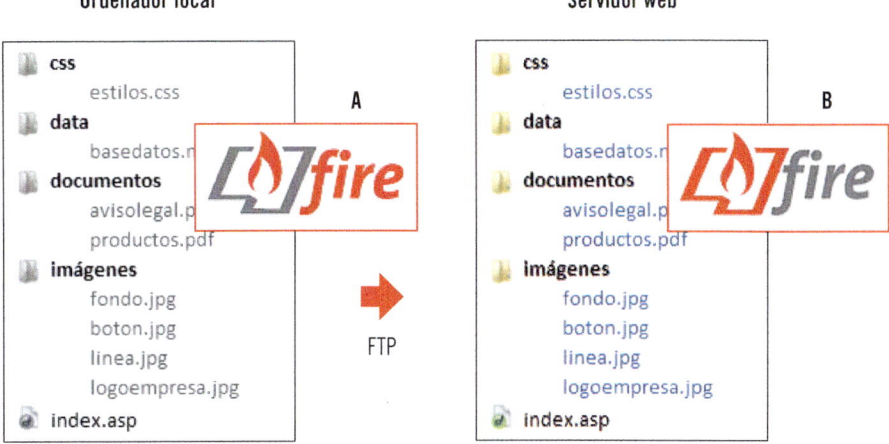

Actualización de un producto online. La imagen "logoempresa.jpg" original (A) se modifica mediante algún programa de diseño (previamente se hace una copia de seguridad de ella) y posteriormente se envía por FTP al servidor web, copiándose a la misma carpeta donde estaba originalmente (B).

 **Nota**

Al realizar una correcta planificación, se optimiza el proceso de transferencia de la información, "subiendo" por FTP solo los archivos necesarios, es decir, los que han sido modificados. Esto minimiza el tiempo dedicado a la actualización del producto.

Los tipos de actualizaciones que se dan con más frecuencia son:

- **Modificación de textos** que aparecen en un documento HTML. La información de tipo texto que se muestra en una página web puede ser modificada directamente en el archivo HTML.
  Ejemplo: En el archivo *"contacto.html"* se muestra la dirección de la empresa:

```
<p align="left">c/ de los artesanos nº 12, oficina 10 BIS</p>
```

Posteriormente, la empresa cambia de ubicación y es necesario actualizar la página:

```
<p align="left"> c/ de los artesanos nº 13, oficina 1 A </p>
```

Una vez realizado el cambio se guarda el archivo y se sube a su ubicación original en el servidor, completando así la actualización.

- **Modificación de enlaces de hipertexto o hipervínculos.** Un enlace a otra página o contenido puede insertarse en un elemento de texto (hipertexto) o de imagen (hipervínculo). En cualquiera de los dos casos, solo afecta al fichero HTML donde se realice el cambio.
  Ejemplo: El archivo *"contacto.html"* contiene un enlace a la dirección de correo electrónico "info@artemultimedia.com".

```
<a href="mailto:info@artemultimedia.com ">Enviar E-Mail</a>
```

Posteriormente, se cambia el correo y es necesario actualizar:

```
<a href="mailto:contacto@artemultimedia.com ">Enviar correo</a>
```

Una vez hecho el cambio, se guarda el fichero y al igual que en el caso anterior solo se sube el archivo implicado, *"contacto.html"*.

- **Modificación de imágenes** que aparecen en un documento HTML sin cambiar sus propiedades de forma. En este caso sí se mantiene el ancho y alto de la imagen, pero es la imagen en sí la que cambia, tan solo es necesario reemplazar la imagen antigua por la nueva en el servidor, como se ha ilustrado anteriormente.

- **Modificación de imágenes** que aparecen en un documento HTML por otras distintas, tanto en contenido como en resolución y/o nombre. En este caso cuando se modifican las dimensiones de una imagen es necesario cambiar también ciertas propiedades del código HTML por lo que el archivo web que la incluye también tendrá que ser subido.

Ejemplo: El archivo *"contacto.html"* contiene una imagen que simboliza a modo de icono una carta.

```
<img src="imagenes/icono-carta.jpg" width="60" height="60">
```

Posteriormente, se desea cambiar "icono-carta.jpg" por el archivo "carta.gif" de 50x50 píxeles:

```
<img src="imagenes/carta.gif" width="50" height="50">
```

Una vez hecho el cambio, se guarda el fichero *"contacto.html"* y se sube al servidor junto con el fichero "carta.gif". Tras esto, hay que comprobar si el cambio de tamaño de la imagen ha provocado algún tipo de descuadre en la estructura de la página web.

- **Modificación de un archivo de estilos CSS.** Al cambiar las propiedades de estilo, eliminar o crear estilos nuevos, hay que subir al servidor su fichero CSS asociado. Si además el código HTML de la página cambia la manera de utilizar dichos estilos, hay también que subir el documento web.

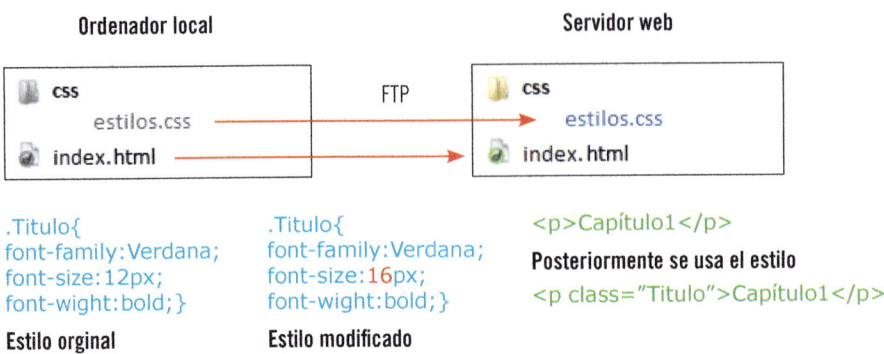

Ordenador local   **Servidor web**

.Titulo{   .Titulo{   <p>Capítulo1</p>
font-family:Verdana;   font-family:Verdana;   **Posteriormente se usa el estilo**
font-size:12px;   font-size:16px;   <p class="Titulo">Capítulo1</p>
font-wight:bold;}   font-wight:bold;}

Estilo orginal   **Estilo modificado**

Actualización de un estilo CSS y su posterior uso en el fichero "index.html", lo cual implica que haya que subir ambos archivos.

 **Nota**

En general cualquier modificación que se tenga que realizar sobre un documento web ya publicado, se puede considerar una actualización. En el caso de modificar el código fuente de la página o de los archivos que referencia, la manera más sencilla de comprobar el resultado de la actualización es pulsando la tecla [F5] con la ventana del navegador activa. La mayoría de los navegadores incluyen un botón para refrescar la página, es decir, cargarla de nuevo.

Puede también surgir la necesidad de realizar ciertos cambios sobre elementos que forman la estructura del documento multimedia, como las capas, tablas o marcos, **añadir nuevos elementos y eliminar otros ya existentes.**

En estos casos, las modificaciones deben realizarse con sumo cuidado, para evitar desajustes que afecten negativamente a la coherencia visual del producto.

 **Nota**

La información multimedia mostrada en una página web suele estar integrada, de manera que la sustitución de un simple archivo de imagen por otro de distinto tamaño, puede hacer que todo el documento HTML sea visualizado por el navegador de manera diferente.

En la siguiente imagen puede observarse que si el alto del logotipo incluido en la zona A aumenta, muy probablemente quedaría descuadrada la parte superior derecha de la zona B. De igual forma, si dentro de la zona C hace falta más espacio vertical para el texto, se crearían espacios en blanco vacíos a su derecha, en la zona B.

Imagen que ilustra cómo determinados cambios en zonas de una página web pueden afectar a otros componentes integrados en su estructura.

Así pues, actualizaciones que afectan a la estructura de la página y a su apariencia visual, deben realizarse de la misma manera sobre todos los archivos HTML que compartan dicha estructura o apariencia. Los lenguajes de guiones del lado del servidor, como ASP o PHP ofrecen técnicas que permiten "modularizar" un documento web en distintos componentes, de manera que los procesos de actualización son más efectivos.

Recuerde

Un servidor web puede interpretar código escrito en diferentes lenguajes de programación, entre ellos los lenguajes de guiones PHP, ASP, JSP o ColdFusion, y generar un resultado que se envía al navegador del cliente en formato HTML. Esta capacidad potencia las características de la programación web y tiene gran importancia en el desarrollo de aplicaciones interactivas multimedia online o para ofrecer información contenida en sistemas de bases de datos.

La idea es separar todos los elementos comunes de una aplicación web multimedia y diseñarlos como componentes individuales. Así por ejemplo puede programarse un archivo HTML, única y exclusivamente, para la cabecera de la página, como se muestra en la siguiente imagen.

Representación gráfica de los elementos que componen la cabecera de una página web, guardada en el fichero HTML "cabecera.htm"

Una vez diseñados y programados, estos componentes individuales se ensamblan en las distintas páginas, las cuales deben ser programadas mediante lenguajes de guion y ejecutadas en el servidor web.

En este ejemplo para insertar dicha cabecera en la página principal, se utiliza la orden "include" y el archivo se guarda con extensión ASP. El código es el siguiente:

```
<body>
<!--#include file="cabecera.htm" -->
```

La misma técnica puede utilizarse mediante el lenguaje PHP, aunque con una sintaxis algo distinta.

 Sabía que...

Una página web escrita en PHP o ASP, es un fichero de texto plano con extensión ".php" o ".asp" respectivamente, interpretado por un servidor web. Estos ficheros generalmente contienen código HTML y estilos CSS, permitiendo así el envío al navegador del cliente, de información contenida en una base de datos, con una determinada presentación y ofreciendo características avanzadas de interactividad.

Lo más importante es comprender la eficacia de este método. Si el logotipo que aparece en la cabecera, insertado mediante el fichero "logoempresa. gif" debe actualizarse a "logotipo.gif", tan solo es necesario modificarlo en el fichero de cabecera. Si no se realiza esta modularización, es decir, empleando la programación web tradicional, habría que actualizar cada uno de los ficheros HTML que utilicen el logo. La diferencia en cuanto a efectividad es notable.

De igual forma hay un amplio conjunto de técnicas basadas en la utilización de los lenguajes de servidor y sistemas de bases de datos, para facilitar la actualización de un producto multimedia *online*. Se puede programar un menú generado dinámicamente a través de los elementos guardados en una base de datos MySQL, concretamente en la siguiente tabla.

Elementos del menú	Enlaces	Activo
Productos	Productos.php	Sí
Obesidad	Obesidad.php	Sí
Médicos	Medicos.php	Sí
Redes sociales	Redes.php	Sí
Contacto	Contacto.php	No

 Nota

Hoy día es muy frecuente utilizar el lenguaje PHP para programar el acceso y gestión del sistema gratuito de base de datos MySQL, y el lenguaje ASP para bases de datos de Microsoft como Microsoft SQL Server o Microsoft Access.

Mediante una rutina que recorra la tabla es posible generar un menú de navegación como el que se muestra a continuación.

Productos	Obesidad	Médicos	Redes sociales

En el caso de que en futuras actualizaciones el menú crezca y descuadre la página es posible organizar ciertos apartados en submenús y esta solución también puede implementarse mediante un sistema de base de datos.

La base de datos puede contener casi cualquier tipo de información que se desee mostrar en la publicación web multimedia, como textos, noticias, información de productos, imágenes, etc. Para actualizar dicha información, tan solo es necesario modificarla en la tabla donde se encuentre y subir el fichero de base de datos correspondiente. En algunos casos, como en MySQL, la base de datos puede modificarse directamente en el servidor web.

Actividades

1. ¿Cuál es la última etapa en el proceso de actualización de un sitio web?
2. ¿Para qué se utiliza la orden "include" en un documento web programado mediante ASP?

En la siguiente imagen se muestra otro ejemplo de uso de una base de datos, para mostrar en este caso un conjunto de productos que se venden en una publicación web, cuyas características se almacenan en una tabla MySQL.

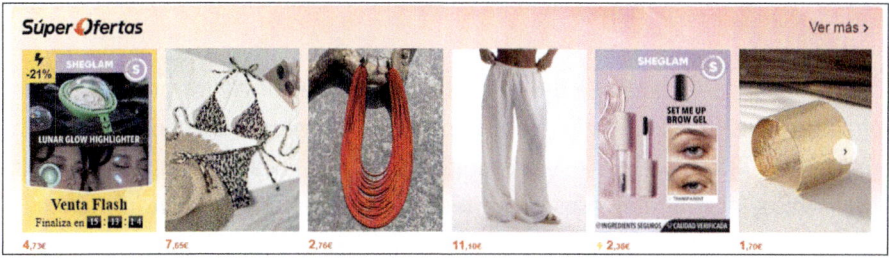

Imagen que muestra varios productos ofrecidos en un catálogo de venta online. La apariencia visual puede establecerse con estilos CSS.

Es necesario en este ejemplo programar una rutina en lenguaje PHP que recorra la tabla y genere el código HTML capaz de representar los productos y la interactividad asociada a ellos, como se han mostrado en la anterior imagen.

La tabla en cuestión puede tener la siguiente estructura y contenido.

IdProducto	Nombre	Descripción	Precio	Foto
1	WashiTape	Washi Tape Mr and Mrs	3,35	1.gif
2	Fondo	Fondo pared Disco	19,95	2.gif
3	WashiTape	Washi tape with love gris	3,35	3.gif
4	Tenedores	Tenedores plata brillante mini (20)	3,45	4.gif

 Definición

Tablas de una base de datos

Las tablas son objetos fundamentales en una base de datos, pues en ellas se guardan la información sobre objetos o entidades, como pueden ser los clientes, productos o proveedores de una empresa. Las tablas están formadas por campos o columnas que describen propiedades como el DNI, el nombre y los apellidos o la fecha de nacimiento de una persona. Algunas de estas columnas son datos que sirven para identificar de manera unívoca el resto de la información, como el código de un cliente (CodCliente) o el identificador de producto (IdProducto). Los nombres de los campos no tienen tanta importancia como los tipos de datos que guardan.

Si en esta publicación se desea actualizar los precios de los productos, tan solo es necesario modificarlos accediendo a la tabla que los contiene. Es un proceso sencillo que puede estar resuelto en minutos, usando cualquiera de las utilidades de gestión de datos que ofrecen sistemas como MySQL. En el caso de una base de datos de *Microsoft Access,* se modifica el fichero que contiene dicha tabla y posteriormente se sube al servidor web que aloja la publicación. En *Access* los ficheros de base de datos tienen extensión ACCDB desde la versión 2007 y MDB en versiones anteriores.

La actualización de contenidos multimedia realizados con herramientas de autor para tal fin (ejemplo: *Adobe Premier)* es la mayoría de las veces un proceso más lento y complejo. Mediante estas aplicaciones se crean productos que se guardan en un formato compatble para ser reproducidos como películas en la web, pero con el inconveneinte de que cualquier actualización, por mínimo que sea el cambio, implica que el archivo ha de publicarse de nuevo y transferirse completo al servidor.

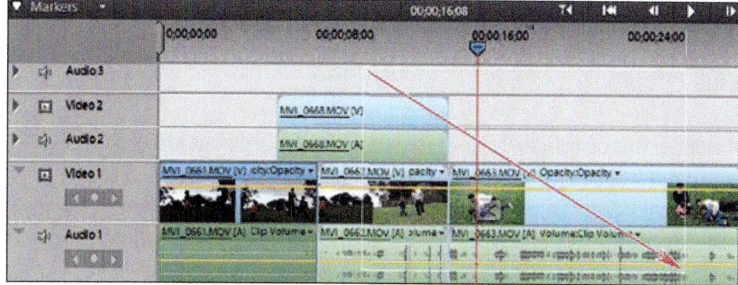

Ejemplo de timeline en Adobe Premiere. En el caso que sea necesario aumentar el número de fotogramas de alguna diapositiva, todos los objetos deberán ser desplazados y recalculado el tiempo asignado a cada fotocuadro. Del mismo modo, se deberá controlar que las pistas de audio, sonido o texto, permanezcan sincronizadas.

 ## Aplicación práctica

El nuevo dueño de una publicación *online* que ofrece la venta de productos japoneses a través de internet, se reúne con nosotros pues desea agregar nuevos productos con sus imágenes, características, precios, etc., modificar los textos que aparecen en la zona central y cambiar el logotipo por el mismo archivo pero algo más pequeño. ¿Qué tipos de actualizaciones se darían en estos casos? Coméntelas brevemente. El producto se muestra en la siguiente imagen.

Continúa en página siguiente >>

<< Viene de página anterior

SOLUCIÓN

En principio, el tipo de actualización más clara es la de añadir nuevos elementos, es decir los productos adicionales que se desean comercializar. Esto se hace subiendo al servidor web las imágenes de los mismos y modificando los ficheros HTML de manera que se incluyan en ellos estos nuevos productos. Otro tipo de actualización es la de modificar el texto de la zona central de la página, para lo cual habrá que modificar los archivos HTML principales que contienen dichos textos y posteriormente subirlos al servidor.

Por último, cambiar el logotipo por el mismo más pequeño, es una modificación de imagen en la que se sube al servidor el archivo de imagen modificado y los ficheros HTML que lo usan.

 Aplicación práctica

La misma publicación que ofrece la venta de productos japoneses, presenta unos elementos comunes en todas las páginas. Es el caso de la cabecera superior donde se muestra el logotipo, los iconos de *Facebook* y *Youtube* y el título de la página. También el menú de navegación situado a la izquierda y las ofertas especiales mostradas justo debajo del menú. ¿Qué técnica puede utilizarse para optimizar los procesos de actualización de estos elementos? ¿Puede poner un ejemplo de actualización mediante esta técnica?

SOLUCIÓN

Los lenguajes de guiones del lado del servidor, como ASP o PHP permiten "modularizar" una página web en sus componentes comunes, de manera que los procesos de actualización son más efectivos. En este caso la cabecera se guardaría en el archivo "cabecera.htm", el menú de navegación en el archivo "menu.htm" y las ofertas especiales en el archivo "ofertas.htm". La siguiente imagen muestra la cabecera:

Continúa en página siguiente >>

<< Viene de página anterior

Después de maquetar estos componentes, se ensamblan en las distintas páginas del sitio, que deberán estar programadas mediante lenguajes de guión como ASP o PHP. En el caso de utilizar el lenguaje ASP, se usa la orden "include" que permite incluir el código de los componentes creados en cualquier página de tipo ASP. Si por ejemplo, la página de inicio, "index.asp" desea usarlos, se escribe, en los lugares que correspondan, lo siguiente:

```
<!--#include file="cabecera.htm" -->
  <!--#include file="menu.htm" -->
<!--#include file="ofertas.htm" -->
```

Un ejemplo de optimización de una actualización mediante este método es el hecho de modificar los enlaces de los iconos de *Facebook* y *Youtube* en la cabecera, de manera que con esta técnica solo hay que modificar un archivo —el archivo "cabecera.htm" en este caso—.

Aplicación práctica

Siguiendo el mismo supuesto, desarrolle brevemente las tres áreas de la página que pueden implementarse mediante un sistema de base de datos (menú, zona central y productos) y ponga un ejemplo de sus tablas asociadas —puede inventar los datos—. Por último, dé también un ejemplo de actualización de la página web, mediante la modificación de cualquiera de las tablas.

SOLUCIÓN

Es posible acceder a sistemas de base de datos mediante lenguajes de guion como ASP o PHP, de manera que se optimizan ciertos procesos como los de actualización y presentación de la información. Las tres áreas que pueden implementarse almacenando la información que ofrecen en un sistema de base de datos son el menú lateral de navegación, la zona central de cada página donde se muestra información textual —texto de inicio, quienes somos, noticias, etc.— y las zonas donde aparecen los productos que se comercializan. Las tablas pueden ser similares a las siguientes.

Continúa en página siguiente >>

<< Viene de página anterior

Tabla para generar/actualizar el menú:

Elemento	Enlaces	Activo
Inicio	Inicio.php	Sí
Quiénes somos	Quienessomos.php	Sí
Área profesional	Areaprofesional.php	Sí
Noticias	Noticias.php	Sí
Contacto	Contacto.php	Sí

Tabla para generar/actualizar la zona central:

Página	Título	Descripción
Inicio.php	Tienda de productos japoneses	Japón, país del sol...
Quienessomos.php	Quiénes somos	Somos una empresa...

Tabla para generar/actualizar los productos menú:

Nombre	Descripción	Precio	Foto
Papel japonés	Paquete de 10 hojas de textura...	3,35	1.gif
Libro de dibujo	Libro de dibujos japoneses...	9,15	2.gif

Un ejemplo de actualización a través de las tablas de la base de datos, es la modificación del texto de la página de inicio. Se modifica en su tabla correspondiente, el campo "Descripción" accediendo directamente al servidor o subiendo el archivo modificado. Otro ejemplo es la modificación del precio de un producto, donde igualmente tan solo es necesario modificar dicho dato en su respectiva tabla.

2.2. Soporte físico

Los productos multimedia publicados de manera profesional en soportes físicos tienen, a la hora de actualizarse, el mismo problema: el soporte de disco óptico es cerrado, de forma que una vez grabada la información en él, esta no se puede modificar.

Aunque muchas aplicaciones multimedia se pueden instalar en un ordenador personal desde un soporte físico digital, las actualizaciones requieren la programación de un sistema que a través de una fuente de datos externa, almacenada en un servidor web, por ejemplo, permita modificar el producto.

En el caso de los contenidos multimedia publicados en formato de página web, y guardados en discos ópticos, los problemas son similares y se tendría de igual forma que programar un *software* específico que automatizase las actualizaciones.

 Sabía que...

Las primeras publicaciones multimedia fueron realizadas para ordenador personal, de tal forma que el medio de almacenamiento usado, el CD-ROM, sirvió para garantizar su éxito. Se modifica la película multimedia o los documentos web, incluyendo dichos cambios y se vuelve generar el producto en su totalidad.

La dificultad de estas técnicas obliga la mayoría de las veces, a reunir todas las actualizaciones en un nuevo producto, que se considera una nueva versión del anterior. Se modifica la película multimedia o los documentos web, incluyendo dichos cambios y se vuelve a grabar el producto, lo que implica fabricar una nueva tirada de discos.

Por tanto, en general es un formato "poco amigo" de las actualizaciones y más bien estas deben contemplarse como nuevas versiones de un determinado producto, que son lanzadas sustituyendo a las anteriores. Por ello, todo el trabajo de análisis y planificación previa del diseño del producto, debe contemplar las ventajas e inconvenientes que ofrecen el soporte físico y la gran dificultad de realizar pequeñas actualizaciones. Fabricar estos productos en discos regrabables, no es tampoco una solución eficaz ni rentable.

2.3. Lectores de *E-Book*

Estos dispositivos son una interesante alternativa a la lectura tradicional de libros y documentos. Cómodos de usar y transportar, tienen un consumo mínimo de energía y algunos modelos ofrecen más funciones, como la conectividad que permite por ejemplo la descarga en línea de miles de obras.

Sin embargo, respecto a las posibilidades de actualizar documentos realizados para *E-Book,* la mayoría de los usuarios descargan los libros electrónicos en sus dispositivos y posteriormente los leen de manera *offline,* por lo que las actualizaciones son efectivas si se concentran en nuevas versiones del productos y se lanzan cada cierto tiempo.

 Nota

Técnicamente hablando, ya que no existe un formato de libro universal, los tipos de documento de libro electrónico que son más sencillos de actualizar son HTML y EPUB, principalmente por su capacidad de adaptarse al dispositivo físico. Otros como PDF, AZW o LI presentan más dificultades.

2.4. *Smartphones*, PDA, tabletas digitales

En general, la actualización de productos multimedia para estos dispositivos presenta los mismos problemas que en los casos anteriores. Todo producto presentado en formato de página web que pueda ser publicado en internet, facilita enormemente la modificación de los contenidos, por el simple hecho de que los usuarios acceden *online,* independientemente del dispositivo que usen. Pero si el producto es una aplicación que los usuarios descargan en sus móviles, tabletas o PDA, es necesario, como ya se ha explicado, programar sistemas automáticos que faciliten las actualizaciones de los productos.

2.5. Discos duros externos USB, SD, entre otros

Los soportes físicos basados en la tecnología magnética, como los discos duros externos o internos, se usan principalmente para almacenar el desarrollo de un producto multimedia y las copias de seguridad del mismo.

Las memorias *Flash* USB y tarjetas SD y similares sí pueden usarse para distribuir productos editoriales multimedia *offline,* aunque en el caso de las actualizaciones concurren todos los problemas citados anteriormente, por lo que es necesario programar sistemas que permitan a los usuarios actualizar el producto de manera automática o asistida.

 Actividades

3. ¿Qué lenguajes pueden recorrer una tabla y devolver la información contenida en ella en formato HTML?
4. Respecto a los productos multimedia publicados mediante CMS, ¿cómo son los procesos de actualización?

3. Herramientas utilizadas para la actualización de las publicaciones

Las tareas de actualización de los productos multimedia se sirven de un conjunto de aplicaciones y técnicas, como son los programas para realizar copias de seguridad, el *software* que permite llevar un control de las versiones de la publicación y la organización eficaz del trabajo en un ambiente la mayoría de las veces multidisciplinar.

3.1. Trabajo colaborativo

El desarrollo, creación y actualización de productos editoriales multimedia implica necesariamente dominar un amplio y variado conjunto de conocimientos, como son los relativos a los diseños visuales, la organización de la información y la programación de la funcionalidad de los objetos que componen la aplicación. Mención aparte, la necesidad de conocer la tecnología actual que evoluciona vertiginosamente en cuanto a las características y posibilidades de los soportes físicos digitales y de internet.

Por esta razón es necesario contar con un equipo de trabajo formado por personas especializadas en la elaboración y redacción profesional de contenidos, material gráfico y multimedia, programadores que ensamblen los componentes y definan su funcionalidad y personas que ofrezcan sus conocimientos en nuevas tecnologías para resolver cualquier tipo de problema.

El trabajo colaborativo o cooperativo, nombrado también con el término *coworking,* es una manera de afrontar el desarrollo de un proyecto mediante la dirección y coordinación de grupos formados por distintos profesionales. Estos comparten recursos y flujos de trabajo tanto física como virtualmente —a distancia—, para alcanzar objetivos comunes.

 Definición

Flujos de trabajo
Son sistemas creados para minimizar el tiempo en la realización de procesos, integrando tareas y optimizando además la comunicación entre los desarrolladores. En el mercado se pueden encontrar aplicaciones como *FlowMind, openEDMS, Cardiff,* etc. además de distintas metodologías que permiten implantar estas técnicas en el desarrollo de determinados proyectos.

Muchas veces los profesionales no necesitan compartir el espacio físico de trabajo con otros miembros del grupo. Es el caso de las personas encargadas de redactar contenidos o preparar material gráfico, como pueden ser fondos de pantalla o iconos. Otras funciones, como la dirección de los proyectos, la realización de análisis y prototipos y la comunicación con los clientes, sí necesitan una interacción entre personas en un espacio físico común.

Imagen que representa de manera simplificada los "actores" que forman parte de la elaboración de un producto multimedia y los flujos generales de información entre los mismos

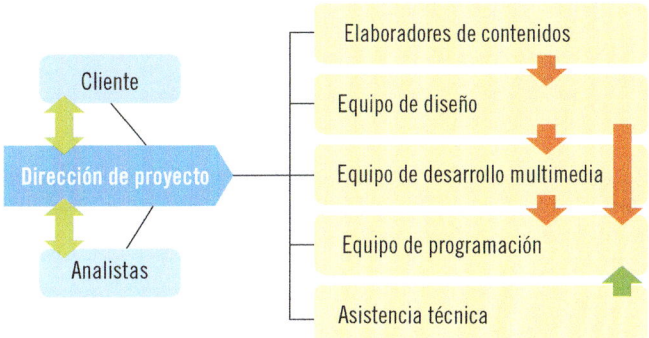

Uno de los aspectos más importantes del trabajo colaborativo es gestionar eficientemente los flujos de trabajo, producidos en distintos niveles. Se originan a partir de las reuniones de la dirección del proyecto con los clientes, suministrando a los equipos de análisis y desarrollo las especificaciones iniciales del producto.

Posteriormente se gestionan otros flujos de trabajo entre los desarrolladores que generalmente desembocan en el equipo de programación, que se encarga de ensamblar los diferentes elementos del producto, programar la funcionalidad de los mismos y los aspectos interactivos de la aplicación.

De esta manera, el *coworking* establece relaciones profesionales entre los distintos miembros, en entornos de trabajo muy dinámicos donde priman el uso de internet y de las nuevas tecnologías aplicadas a la información y a la comunicación.

3.2. Utilidades de mantenimiento de versiones

Los sistemas de control de versiones permiten llevar un control de las modificaciones realizadas sobre los archivos que forman parte de la publicación, en especial el código fuente y los archivos de imagen y multimedia. Mediante un conjunto de técnicas y programas se ayuda a mejorar la calidad del producto, administrando las distintas actualizaciones y ofreciendo mecanismos seguros para revertir fallos y problemas ocasionados por un determinado cambio.

 Nota

Cuando se realizan modificaciones sobre objetos alojados en un servidor web, como pueden ser documentos HTML o actualizaciones sobre archivos de cualquier tipo, el servidor registra dicho cambio en los llamados "archivos de logs".

Independientemente de si se utiliza un *software* específico para este propósito, la base del mantenimiento de versiones está en la realización de un proceso de comunicación entre los desarrolladores en el que se identifican y detallan los cambios, informando además de los archivos que se modifican, en qué momento —fecha y hora— y por quién. También es imprescindible realizar una copia de cada objeto modificado guardándola en la ubicación que se estime oportuna.

En cuanto al *software* disponible, actualmente existen unas magníficas aplicaciones que permiten gestionar los cambios y actualizaciones sobre un determinado producto, además la mayoría libres y multiplataforma: CVS, SVN *(Subversion),* GIT o Mercurial, son algunas de las más conocidas.

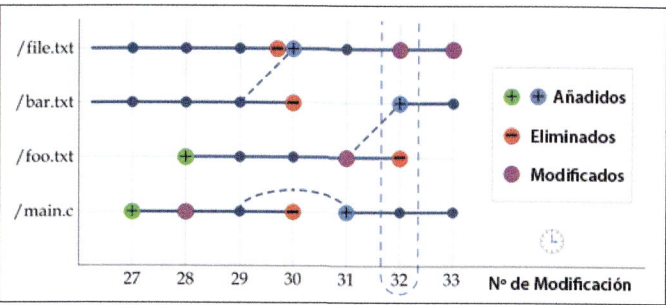

Gráfico generado por programa de control de versiones, donde se detallan los tipos de modificaciones realizadas a lo largo del tiempo sobre distintos ficheros.

3.3. Almacenamiento y copias de seguridad

Los sistemas informáticos y los procesos en los que intervienen las personas no están libre de errores. Por este motivo, un producto multimedia y toda la información utilizada en su desarrollo y en posteriores actualizaciones, deben ser protegidos ante posibles fallos. La mejor —y casi única— forma de hacerlo es conjugando un sistema eficaz de mantenimiento de versiones junto con el almacenamiento del material mediante copias de seguridad, también denominadas *Backup.*

La idea es realizar copias físicas en dispositivos de almacenamiento digital fiables, de los archivos que forman parte del producto. No existen reglas sobre el número de copias que se deben hacer, pues esto depende de la importancia del proyecto, de la frecuencia de las actualizaciones y de los tipos de archivos, los cuales se suelen dividir en cuatro grandes grupos:

- **El material original.** Son todos los archivos originales, textos, fotografías, secuencias de audio, material videográfico, etc.
- **El material procesado.** A este grupo corresponde el amplio material trabajado, bocetos y ficheros de arte final y los archivos definitivos que se montan en el producto multimedia; también los ficheros utilizados para dar publicidad al producto, serigrafías, carátulas, etc.
- **El código fuente y los archivos ejecutables.** Son los archivos necesarios para utilizar o ejecutar el producto. Si la aplicación se ha realizado mediante lenguajes de marcado o de guion, como es el caso de los productos publicados en formato de página web, estará formada por un

conjunto de archivos de texto HTML, CSS, PHP, ASP o JS, entre otros. Si la aplicación se ha realizado mediante herramientas de autor o programas de presentación, los ficheros serán de otro tipo, como EXE, SWF, PPT, etc.

- **Documentación del proyecto.** Es el conjunto de ficheros que documentan la elaboración del proyecto, definen las especificaciones técnicas del mismo, las indicaciones de diseño y manuales de estilo, el soporte a los usuarios, los manuales de uso de la aplicación, etc.

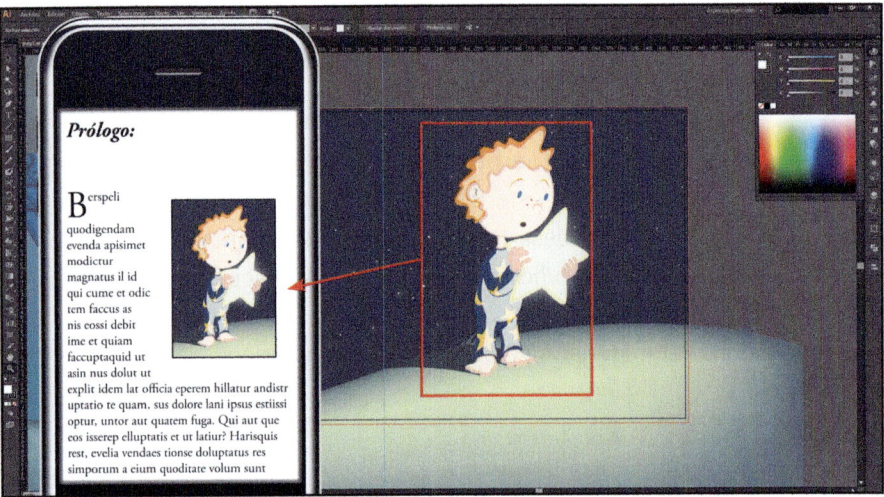

Ejemplo de material original, del cual se utiliza una parte para una publicación en formato E-Book.

 Nota

Los archivos originales han de estar guardados en los formatos que mayor calidad ofrezcan y en dispositivos de almacenamiento fiables y de gran capacidad. Es de suponer que el equipo de desarrollo no usará nunca estos materiales directamente en el producto multimedia que vaya a publicarse en la web, sino copias en determinados formatos.

Las copias de seguridad tienen como principal objetivo facilitar mecanismos que permitan la recuperación de la información en caso de pérdida, deterioro o modificaciones erróneas. Sin embargo, generalmente un producto editorial multimedia está formado por una gran cantidad de archivos, algunos con tamaños considerables y es complejo organizar los procesos de copia de seguridad, de manera que se cumplan los requisitos de respaldo sin agotar al mismo tiempo los espacios de almacenamiento físico.

 Nota

Uno de los tipos de errores más frecuentes se da cuando se suben archivos *(upload)* al servidor web, reemplazando de manera errónea la información previamente guardada en el espacio de alojamiento. Si no se tiene copia de seguridad en estos casos, es prácticamente imposible recuperar los archivos publicados antes del "reemplazo", lo que puede suponer un importante coste añadido en el desarrollo de un producto.

Una de las mejores soluciones es tener una copia completa y segura de todo y posteriormente guardar copias de manera documentada de la información que se modifica. Muchos programas de copia de seguridad analizan aquellos archivos modificados desde la última fecha de copia y realizan el inventario de la información a guardar de manera automática.

Algunos de estos sistemas están perfeccionados de manera que solo copian la información interna de los archivos, realmente modificada. Esta técnica se denomina copia de seguridad incremental a nivel de bloque. En la actualidad, los sistemas de copia en "la nube" son más eficientes y logran un ahorro del espacio de almacenamiento y compresión de las copias, al trabajar no a nivel de "bloques", sino de una manera más precisa a nivel de bits, lo cual es una gran ventaja en proyectos multimedia en continuo crecimiento.

Cualquier proyecto crece con el tiempo, aumentando su número de archivos y carpetas.
"BAK" suele referirse a la copia de seguridad, que se aconseja almacenar en un espacio físico distinto

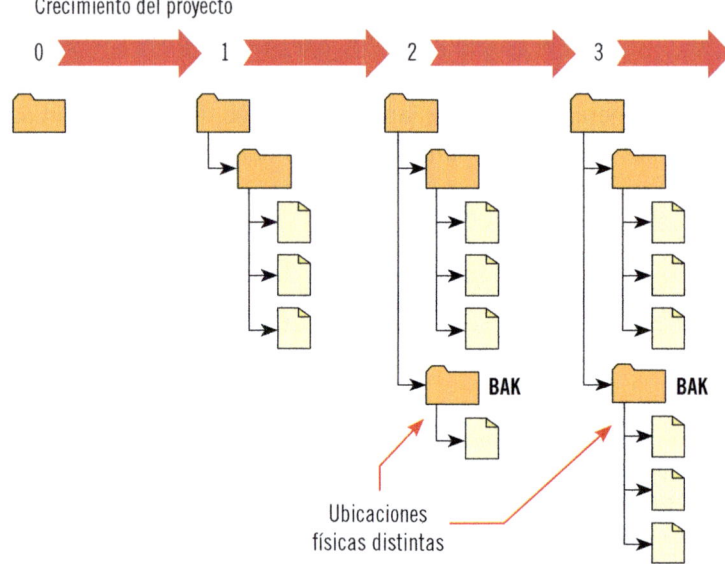

Existen actualmente muchas aplicaciones profesionales para realizar copias de seguridad, alternativas a las ofrecidas por los propios sistemas operativos.

 **Nota**

En el sector del *software* profesional de pago, las opciones son innumerables, contando además que compañías especializadas en seguridad como Norton y Symantec o en grabación de datos como Nero, ofrecen sus propias aplicaciones profesionales para realizar copias de seguridad.

Entre las gratuitas destacan programas como *Backup Maker, FBackup, Personal Backup* o *Uranium Backup.* En cuanto a los que son multiplataforma, son especialmente interesantes los programas *Retrospect, FWBackups, Synkron* y

Bacula —la mayoría también gratuitos o de código abierto—. Mención aparte las soluciones de almacenamiento y copia de seguridad en la "nube", es decir, en servidores dedicados *online,* como *Dropbox* junto con *Cobian, Carbonite, Backblaze* o *GIT HUB,* ampliamente utilizada hoy en día.

En cuanto a los dispositivos físicos donde se realizan las copias, actualmente solo se utilizan discos duros externos, como los ya mencionados, por su capacidad de almacenaje y fiabilidad tecnológica.

3.4. Flexibilidad y eficiencia

Las tareas y métodos vistos en los puntos anteriores implican en ocasiones el manejo de grandes cantidades de datos o la realización de trabajos bajo determinadas condiciones, por lo que muchas veces es necesario implantar medidas que sirvan para mejorar estos procesos haciéndolos más flexibles y eficientes. Algunas de las pautas a seguir son las siguientes:

- **Separar la información de su estilo de presentación,** lo que permite realizar transformaciones rápidas y directas en los estilos visuales del producto y también en la información presentada. Esto es posible principalmente en las publicaciones realizadas mediante lenguajes de marcas, HTML y CSS.
- Analizar si mediante el uso de **lenguajes de guion como PHP o ASP, Javascript** y el acceso a **sistemas de bases de datos,** pueden implementarse funciones que cumplan con los requisitos definidos en el proyecto, a la vez que se diseñan mecanismos que faciliten los procesos de actualización sobre la información mostrada.
- En los procesos de **actualización de una base de datos** hay que tener en cuenta que algunos sistemas, como *Microsoft Access,* usan un fichero para toda la base de datos. Es un sistema poco efectivo, pues hay que subir el fichero al servidor, cada vez que se modifica un solo dato, y a la larga es una suma de tiempo muy considerable. En este tipo de casos, es más conveniente tener varios ficheros de base de datos que guarden una única "tabla" cada uno, de forma que esta separación mejora los tiempos de actualización. Así, si solo se desea actualizar una información contenida en una tabla, se sube el único fichero que la contiene.

- Usar la amplia gama de **servicios** *online* de copias de seguridad, gestión de la información y comunicación que ofrece la "nube", especialmente en los flujos de trabajo colaborativos, en los que determinados miembros del equipo de trabajo no comparten un espacio físico.

- Las **copias de seguridad deben planificarse** correctamente en función de las características del producto, número de ficheros a copiar, frecuencia de las actualizaciones o cambios, etc. Sin embargo, tienen que automatizarse de manera que se ejecuten automáticamente en determinados momentos, no dependiendo de personas que puedan cometer errores u olvidos, en este sentido.

- Es muy importante además que el **momento elegido para hacer las copias de seguridad** sea aquel en el que todos o la gran mayoría de los ficheros hayan sido cerrados y no haya personas trabajando sobre ellos —en horario nocturno, por ejemplo—. Algunas aplicaciones no permiten copiar ficheros abiertos o bien la copia quizás no refleje de manera exacta el verdadero contenido de los archivos, especialmente los que forman parte de los sistemas de bases de datos.

- Las copias de seguridad deben estar siempre **alojadas al menos en dos lugares.** Actualmente, es muy frecuente usar servidores externos *online,* como alternativa al almacenamiento de una copia de los datos en soportes físicos digitales, como discos ópticos o magnéticos. Por otro lado, una copia debe al menos estar en una partición o disco distinto de donde se encuentran los datos originales.

Imagen que representa la copia de datos desde el servidor local al servidor en la "nube"

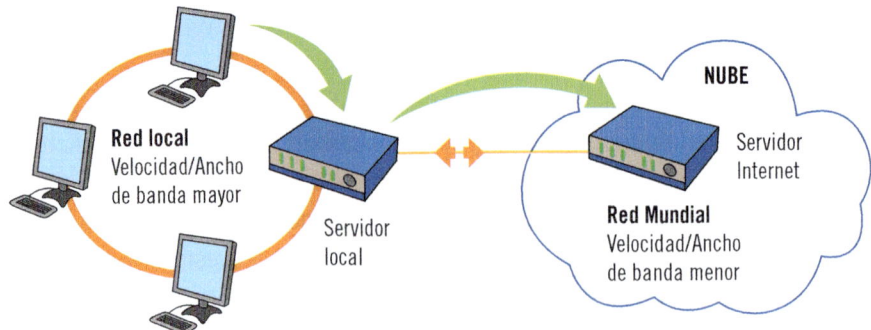

- Algunos sistemas operativos tienen **utilidades muy eficientes** para la realización de copias de seguridad; es el caso de la herramienta Time Machine del sistema *OS X*. Este sistema operativo de Apple, además tiene la opción de guardar automáticamente versiones distintas de un mismo fichero, facilitando así la recuperación de información antigua en caso de errores o sobreescritura.

Recuerde

Los lenguajes de guion como ASP y PHP son capaces de recuperar datos de las tablas de una base de datos y enviarlos a los usuarios en formato de página web.

Actividades

5. ¿De qué manera se pueden realizar transformaciones rápidas y directas en los estilos visuales del producto y también en la información presentada?
6. Cite tres soluciones profesionales de copia de seguridad en la nube.

4. Resumen

El desarrollo de las tecnologías de la información y la comunicación ha evolucionado hacia un conjunto muy amplio de posibilidades respecto a la publicación de contenidos multimedia en internet y en otros soportes físicos digitales, junto con la existencia además de un gran número de herramientas para tal fin. Es frecuente que tras la publicación de un producto editorial multimedia surjan ideas de mejora o bien de actualización de la información presentada.

En general, los productos publicados en la web son más fáciles de actualizar y el proceso en sí puede además optimizarse mediante el uso de técnicas basadas en lenguajes de guion del lado del servidor como ASP y PHP, la "modularización" de la estructura de las páginas en componentes comunes y la separación de la información de los estilos visuales con los que se presenta, mediante hojas de estilos CSS.

Otros soportes de publicación como los discos ópticos no ofrecen tanta flexibilidad, por la propia naturaleza física de los mismos y de los sistemas de grabación. Los discos magnéticos, memorias USB o SD presentan problemas similares y, *grosso modo,* están más indicados para almacenar proyectos multimedia *offline* y copias de seguridad.

Los móviles inteligentes de última generación, tabletas, libros electrónicos y agendas personales pueden acceder a productos *online* para disfrutar de las últimas actualizaciones de los mismos; sin embargo, en el caso de las aplicaciones descargadas en dichos dispositivos, es necesario programar asistentes que automaticen la actualización de los contenidos sin la participación activa de los usuarios.

Realizar copias de seguridad que salvaguarden los archivos actualizados, así como el control de las versiones y modificaciones de los mismos, son, junto con los flujos de trabajo mejorados mediante el *coworking,* otros de los aspectos a tener en cuenta en los procesos de actualización de un producto editorial multimedia.

Ejercicios de repaso y autoevaluación

1. **Complete los espacios vacíos con las palabras adecuadas.**

   Las actualizaciones que afectan a la _____ de la página y a su apariencia visual deben realizarse de la misma manera sobre todos los archivos _____ que _____ dicha estructura o apariencia. Los lenguajes de _____ del lado del servidor, como _____ o _____ ofrecen técnicas que permiten _____ un documento web en distintos _____, de manera que los procesos de actualización son más _____.

2. **¿Qué formato de publicación es "poco amigo" de las actualizaciones?**

   a. La *World Wide Web.*
   b. Los gestores de contenidos CMS.
   c. El soporte de discos ópticos digitales.
   d. Internet.

3. **¿En qué consiste la primera etapa de planificación de una actualización?**

   _____
   _____
   _____
   _____

4. **Respecto a las posibilidades de actualizar documentos realizados para *E-Book*, la mayoría de los usuarios descargan los libros electrónicos en sus dispositivos y posteriormente los leen de manera *offline*, por lo que...**

   a. ... las actualizaciones se pueden hacer en el servidor en cualquier momento.
   b. ... las actualizaciones son efectivas si se concentran en nuevas versiones del producto y se lanzan cada cierto tiempo.
   c. ... las actualizaciones deben ser programadas en sistemas de bases de datos.
   d. ... es imposible realizar actualizaciones.

5. ¿Qué es el *coworking?*

_____

_____

_____

_____

6. Cite al menos dos aplicaciones multiplataforma para realizar copias de seguridad.

_____

_____

_____

_____

7. Complete los espacios vacíos con las palabras adecuadas.

Algunos sistemas de copia de seguridad están perfeccionados de manera que solo copian la información _____ de los _____, realmente modificada. Esta técnica se denomina copia de seguridad _____ a nivel de _____. En la actualidad, los sistemas de copia en "la nube" son más _____ y logran un ahorro del _____ de _____ y _____ de las copias, al trabajar no a nivel de "bloques" sino de una manera más precisa a nivel de _____, lo cual es una gran ventaja en proyectos multimedia en continuo crecimiento.

8. Relacione los conceptos con sus respectivos nombres.

    a. Respecto a los productos multimedia publicados mediante CMS, *Content Management System* o Sistemas de Gestión de Contenidos como *Joomla, Drupal* y *Wordpress...*

    b. La actualización de contenidos realizado con herramientas de autor como *Adobe Captivate...*

    c. Hay un amplio conjunto de técnicas basadas en la utilización de los lenguajes de servidor y sistemas de bases de datos...

    ___ ... es la mayoría de las veces un proceso más lento y complejo.

    ___ ... para facilitar la actualización de un producto multimedia *online.*

    ___ ... las actualizaciones suelen ser procesos directos, ya que estas se realizan modificando directamente los archivos en el servidor donde están incluidos.

9. Describa qué problemas se pueden producir al realizar una actualización sobre una imagen y qué ficheros son los que deben subirse al servidor.

_____
_____
_____
_____

10. Respecto a la modificación de un archivo de estilos CSS, al cambiar las propiedades de estilo, eliminar o crear estilos nuevos...

    a. ... hay que subir al servidor su fichero CSS asociado.
    b. ... hay que subir al servidor el archivo de imagen correspondiente.
    c. ... hay que subir al servidor los archivos de texto modificados.
    d. ... no es necesario subir nada, los estilos se cambian automáticamente.

11. Algunos sistemas operativos ofrecen utilidades relacionadas con las copias de seguridad. Ponga algún ejemplo.

_____
_____
_____
_____

12. Complete los espacios vacíos con las palabras adecuadas.

Una vez que el producto se ha desarrollado en el equipo informático _____, cualquier cosa que se modifique puede ser _____ al _____ _____ contratado mediante _____, _____ la anterior información por la nueva modificada y haciendo así _____ dicha _____.

13. Determine si son verdaderas o falsas las siguientes afirmaciones.

    a. GIT es una aplicación que permite gestionar los cambios y actualizaciones sobre un determinado producto.

        ☐ Verdadero
        ☐ Falso

b. *FBackup* es una gran aplicación para realizar copias de seguridad, sin embargo tiene un precio muy elevado.

☐ Verdadero
☐ Falso

c. *Cobian* es una solución complementaria a *Dropbox* para realizar copias de seguridad en la "nube".

☐ Verdadero
☐ Falso

14. ¿Qué ventaja principalmente tiene automatizar las actualizaciones de un producto?

_____
_____
_____
_____

15. El siguiente código: <!--#include file="lateral.htm" -->...

a. ... sirve para actualizar el fichero "lateral.htm".
b. ... sirve para acceder a la base de datos "lateral.htm".
c. ... define "lateral.htm" como fichero de actualización automática.
d. ... sirve para incluir el contenido del archivo "lateral.htm".

Bibliografía

Monografías

▌AMAYA, J. F.: *Soportes y tecnologías de almacenamiento de información*. Barcelona: Editorial UOC, 2015.

▌CARMONA, M. C. y VILCHES, A.: *Computación en la nube: un enfoque práctico*. Madrid: Ra-Ma, 2015.

▌CLEMENTE Bonilla, Pedro: *Diseño web adaptativo*. Anaya Multimedia, 2013.

▌COLMENAR Santos, Antonio: *Diseño y desarrollo multimedia. Herramientas de autor*. Ra-Ma, 2005.

▌MONTAÑA, J. L.: *Multimedia: aplicaciones y recursos digitales*. Barcelona: Editorial UOC, 2014.

▌MONTERO Miquel, Roberto: *Administración de servicios de transferencia de archivos y contenidos multimedia*. Ra-Ma, 2013.

▌NIELSEN, Jakob y BUDIU, Raluca: *Usabilidad en dispositivos móviles*. Anaya Multimedia, 2013.

▌PAREDES Velasco, Maximiliano, SANTACRUZ Valencia, Liliana P. y DOMÍNGUEZ Mateos, Francisco: *Programación multimedia y dispositivos móviles*. Ra-Ma, 2012.

▌VILLALOBOS, E. y TORNERO, J. M.: *Diseño de productos multimedia*. Madrid: Editorial Síntesis, 2017.

Textos electrónicos, bases de datos y programas informático

❚ Biblioteca de fuentes gratuitas para uso en proyectos editoriales y multimedia, de: <https://fonts.google.com/>.

❚ Plataforma de conocimiento compartido ofrecida por *Mozilla* para desarrolladores y profesionales del sector web y multimedia, de: <https://developer.mozilla.org/es/learn>.

❚ Portal sobre nuevas tecnologías relacionadas con el desarrollo web y multimedia, de: <http://www.ticweb.es/>.

❚ Web que ofrece gran cantidad de recursos para la programación web y multimedia, de: <http://www.desarrolloweb.com/>.

❚ *World Wide Web Consortium* (W3C), comunidad internacional que desarrolla estándares que aseguran el crecimiento de la web a largo plazo, de: <http://www.w3c.es/>.